HARCOURT
· TROFEOS ·

UN PROGRAMA DE LECTURA Y ARTES DEL LENGUAJE DE HARCOURT

PARA TI

AUTORAS
Alma Flor Ada ◆ F. Isabel Campoy

DISTRICT 21
BILINGUAL / ESL
PROGRAM

Harcourt

Orlando   Boston   Dallas   Chicago   San Diego

Visita *The Learning Site*

www.harcourtschool.com

03 02

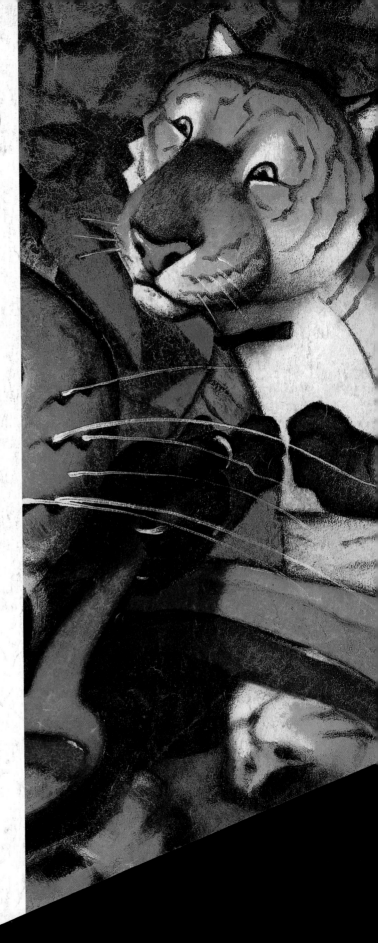

Querido lector:

¿Alguna vez has deseado conocer a un vaquero?, ¿o viajar en alta mar?, ¿o resolver algún misterio?

En *Para ti* leerás acerca de personajes reales y ficticios que usan la imaginación, viajan a lugares lejanos y trabajan en equipo con sus vecinos para resolver problemas.

¡Hay tantas cosas por descubrir en la lectura! ¡No tardes más! Atentamente,

Las autoras

Las Autoras

Así soy

Contenido

Relacionar textos

Damos una mano

Contenido

Relacionar
textos

Relacionar
textos

Relacionar
textos

Nuestro mundo

Contenido

(**Destreza de fonética:**) Palabras con *ca*, *que*, *qui*, *co*, *cu*

(**Destreza de enfoque:**) Leer diagramas

(**Destreza de fonética:**) Palabras graves

Relacionar textos

Relacionar textos

Relacionar textos

Cómo usar las estrategias de lectura

Una estrategia es un plan que te ayuda a hacer algo bien.

Durante la lectura, puedes usar estrategias para comprender mejor el cuento. Primero **observa el título y las ilustraciones.** Luego, **piensa en lo que quieres saber.** Si aplicas estas estrategias, podrás llegar a ser un mejor lector.

Consulta la lista de estrategias de la página 11. Aprenderás a usarlas cuando leas los cuentos de este libro. Consulta la tabla en cada lectura para recordar las estrategias que usan los buenos lectores.

- Decodificar/Fonética
- Buscar las partes de las palabras
- Corregirse
- Leer más adelante
- Volver a leer en voz alta
- Hacer y confirmar predicciones
- Poner los sucesos en secuencia/Resumir
- Crear imágenes mentales
- Analizar el contexto para confirmar el significado
- Hacer inferencias

Para asegurarte de que has comprendido la lectura, ten en cuenta los siguientes consejos:

✔ Copia la lista de estrategias en una tarjeta.

✔ Usa la tarjeta como separador en tu lectura.

✔ Al terminar la lectura, habla con un compañero acerca de las estrategias que usaste.

Así soy

Contenido

El poder de las palabras

atrapar

bellos

brillante

descolorido

emocionante

mezcolanza

pegajosa

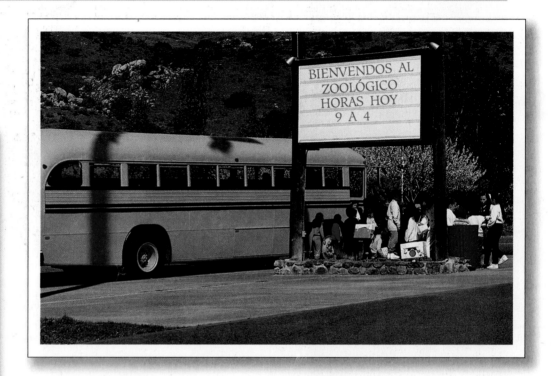

La semana pasada mi clase fue en una excursión al zoológico. Fue **emocionante** ver todos los animales.

Primero vimos un tigre con su **brillante** pelaje y unos ojos **bellos**.

También vimos un león con dientes enormes. Parecía que quería **atrapar** una presa.

Luego vimos a los guacamayos. Su plumaje era una **mezcolanza** de colores.

Finalmente vimos a los cocodrilos que eran de un color gris **descolorido**.

Me divertí mucho, aunque al final del día estaba cansado y sentía mi camiseta **pegajosa** por el calor.

CONEXIÓN
Vocabulario-Escritura

Escribe acerca de un lugar **emocionante** que te gustaría visitar. Di por qué te gustaría ir allí y que te gustaría ver.

Género

Fantasía

Una fantasía es un cuento que ocurre en un mundo que no es verdadero.

Busca

- sucesos en el cuento que no puedan ocurrir en la vida real.

- a personajes que no sean verdaderos.

El camaleón confundido

por Eric Carle

18

En una brillante hoja verde estaba sentado un camaleoncito verde. Al saltar a un árbol café, el camaleón empezó a volverse café. Después se posó en una flor roja y enrojeció. Mientras atravesaba lentamente la arena amarilla, se puso amarillento y apenas se podía distinguir.

Cuando estaba
calientito y había comido,
el camaleón se ponía de un
verde resplandeciente.

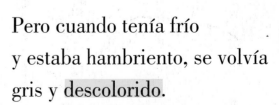

Pero cuando tenía frío
y estaba hambriento, se volvía
gris y descolorido.

Cuando tenía hambre, el camaleón
se quedaba quieto y esperaba.
Sólo se movían sus ojos: arriba, abajo,
a los lados, hasta que veía una mosca.
Entonces el camaleón disparaba su larga
y pegajosa lengua para atraparla.
Y así se pasaba la vida;
una vida que por cierto no era
muy emocionante. Hasta que un día...

...¡el camaleón vio un zoológico!
Jamás había visto tantos animales tan bellos.

Entonces el camaleón pensó:

¡Qué pequeño soy, qué lento, qué débil!
Quisiera ser tan blanco y tan grande como el oso polar.

Y su deseo se volvió realidad.
¿Pero acaso se sintió
feliz? ¡No!

Quisiera ser tan hermoso como el flamenco.

27

Ser tan listo como el zorro.

29

Nadar como el pez.

31

Correr como el *venado.*

33

Ver las cosas que están lejos como la jirafa.

35

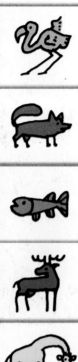

Ocultarme en un caparazón como la tortuga.

37

Ser tan fuerte como el elefante.

39

Ser tan gracioso como la foca.

41

Quisiera ser
como la gente.
Entonces pasó una mosca. El camaleón estaba
muy hambriento, pero también estaba hecho
una mezcolanza: era un poco de esto y un poco
de aquello, y no pudo atrapar a la mosca.

Quisiera ser yo mismo.
El deseo del camaleón se hizo realidad
y ¡atrapó a la mosca!

Reflexionar y responder

1. ¿Qué pasó después de que el camaleón descubrió el zoológical?

2. ¿Por qué Eric Carle nombró este libro *El camaleón confundido*?

3. ¿Qué quiere decir "sé tu mismo"?

4. ¿Te has sentido alguna vez que estabas hecho una **mezcolanza** como el camaleón? ¿Por qué?

5. ¿Cuáles estrategias te ayudaron a leer este cuento?

Queridos lectores:

La idea de *El camaleón confundido* surgió de varias conversaciones con niños. Cuando visitaba las escuelas, les pedía que me dijeran cuáles eran sus animales preferidos. En una hoja enorme dibujaba las partes representativas de cada animal, como la cola de la zorra, la trompa del elefante y el cuello de la jirafa. De estos dibujos surgió la idea del cuento.

Con mucho cariño.

Visita *The Learning Site*
www.harcourtschool.com

Datos curiosos sobre los animales: Cama

Para esconderse de sus enemigos, los camaleones cambian de color. Si tú también pudieras cambiar de color, ¡ya no tendrías que comprar ropa nueva!

leones

¡Ahora la ves, ahora no la ves!
La lengua de los camaleones
es más larga que su cuerpo.
¡Estiran su larga lengua
para atrapar su alimento!

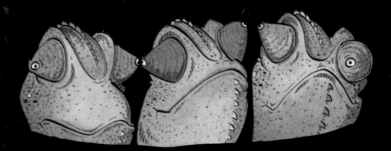

Los camaleones pueden mover un ojo sin mover
el otro. ¡Un ojo al gato y otro al garabato!

Reflexionar y responder

¿Qué aprendiste de los camaleones en este artículo?

Hacer conexiones

Compara textos

1 ¿Por qué crees que esta historia está en el tema Así soy?

2 El camaleón cambia muchas veces, pero aún así no es feliz. ¿Por qué? Di cómo lo sabes.

3 "El camaleón confundido" no es una historia real. "Datos curiosos sobre los animales" ofrece datos precisos. ¿Cuál leerías si quisieras saber cómo son en realidad los camaleones? ¿Por qué?

Un animal especial

El camaleón piensa que cada uno de los animales del zoológico es especial. Usa una red como la siguiente para hacer una lluvia de ideas acerca de algún animal que tú creas que es especial. Después escribe una oración acerca de ese animal.

CONEXIÓN con la Escritura

Por qué es especial un oso

Cómo se esconden los animales

Un camaleón puede cambiar de color para esconderse. Investiga otras formas que usan los animales para esconderse. Después haz un móvil de "Cómo se esconden los animales" con una cuerda, pinza para ropa y tarjetas. En cada tarjeta dibuja un animal y escribe lo que hace para esconderse.

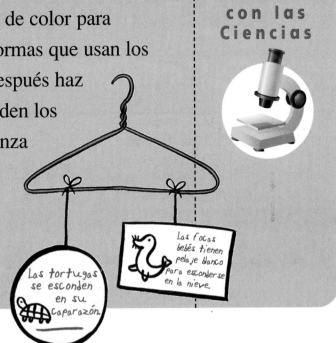

Las tortugas se esconden en su caparazón.

Las focas bebés tienen pelaje blanco para esconderse en la nieve.

CONEXIÓN con las Ciencias

Gente que admiramos

El camaleón quería ser como otros animales. Piensa si te gustaría ser como alguien. Da una pequeña plática a tus compañeros. Di el nombre de la persona a quien te gustaría parecerte y explica por qué. Habla con claridad para que tus compañeros puedan comprenderte.

CONEXIÓN con los Estudios Sociales

¡Quiero ser como Sally Ride porque ella fue muy valiente cuando viajó al espacio!

Idea principal

La idea más importante de una historia o párrafo es la **idea principal**. Las otras oraciones se refieren a la idea principal. Lee el siguiente párrafo.

Mel y su mamá hicieron una sabrosa sopa. Mel no sabía si quería fideos o arroz, así que le puso los dos. Mel no sabía si quería zanahorias o apio. Así que le añadió los dos. Mel no sabía si quería papas o frijoles. Una vez más añadió los dos. La llamaron la sopa revuelta. Y eso era justo lo que Mel quería.

Para encontrar la idea principal, piensa de qué se trata el cuento.

Preparación para las pruebas

Idea principal

Lee el párrafo y después contesta las preguntas.

Un día especial

Marcos va a cumplir ocho años el martes. Va a tener una fiesta en la escuela. Su mamá va a hacer su comida favorita para cenar. Su hermana le va a dar un regalo. Ella tiene el pelo café. Marcos está que no puede esperar hasta el martes.

---

1. **¿Cuál es la idea principal del párrafo?**

○ Marcos comerá lo que más le gusta.

○ Marcos va a recibir un regalo.

○ Marcos va a cumplir años el martes.

○ Marcos va a estar feliz.

Sugerencia

Piensa en la oración que nos dice de que trata el párrafo.

2. **¿Qué oración no pertenece al párrafo?**

○ Marcos va a cumplir ocho años el martes.

○ Su mamá va a hacer su comida favorita para cenar.

○ Su hermana le va a dar un regalo.

○ Ella tiene el pelo café.

El poder de las palabras

acurrucar

minutos

premio

siempre

tarea

Cuando llego de la escuela y traigo buenas notas **siempre** como algo especial. Hoy mi **premio** es una manzana con crema de cacahuate.

Siempre hago mi **tarea** antes de salir a jugar.

Usualmente me toma 30 **minutos** terminar mi tarea. Una vez que termino puedo jugar hasta la hora de cenar.

Después de cenar me gusta leer. Me siento en el sofá de mi sala. Mi gato Barney siempre se quiere **acurrucar** conmigo mientras leo.

CONEXIÓN
Vocabulario-Escritura

Escribe varias oraciones acerca de cuándo y cómo haces tu **tarea** todos los días.

Ilustradora premiada

No ficción: Libro informativo

Un libro informativo ofrece datos acerca de un tema.

Busca

- un cuento que dé información.

- ilustraciones que te ayuden a entender el tema.

¡Levántate

Y anda!

por
Stuart J. Murphy

ilustrado por
Diane Greenseid

Siempre eres tan lenta.
¡Levántate y anda!

Sólo 5 minutos más, con
Teddy me quiero acurrucar.

Si no te levantas
nunca estarás lista.

Sólo 3 minutos para lavarme
más de eso no voy a demorarme.

Déjame ver cuánto tiempo
será en total.

Otra vez se ha retrasado,
el tiempo que tarda voy a contar.

Primero 5 minutos que pasó abrazando a Teddy.

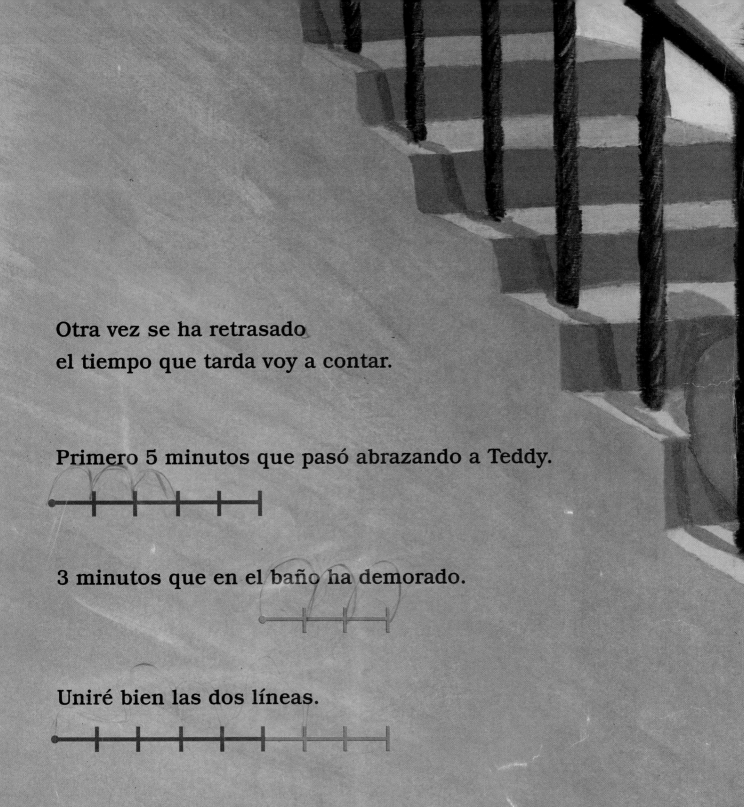

3 minutos que en el baño ha demorado.

Uniré bien las dos líneas.

¿Cuántos minutos han pasado?

Entonces 8 minutos para comer; el desayuno es el que más me gusta.

Al menos una tostada me deberías regalar.

Ahora 2 minutos más
pues un premio a Sammie
voy a dar.

Los bocadillos para
perros son deliciosos.
Estoy listo para comer.

63

Sube corriendo la escalera y aún tiene mucho que hacer.
Anotaré estos minutos también.

Mostraré 8 minutos que le tomó desayunar.

Y 2 minutos cuando me dio el premio.

Debo unir bien estas líneas. ¿Cuántos
minutos van?

Ahora uniré esta línea a la primera.

¿Cuántos minutos han transcurrido ahora?

*Ahora 6 minutos para cepillarme
los dientes… y peinarme.*

**Otra vez se te ha hecho tarde
pero no creo que mucho te importe.**

Y 7 minutos para vestirme,
nada más voy a necesitar.

A menos que te pongas a jugar...
o te sientes a un libro disfrutar.

Otra vez se le ha hecho tarde. No entiendo por qué.
Voy a ver cuánto tiempo ha transcurrido.

6 minutos para cepillarse los dientes y peinarse.

Y 7 minutos para vestirse.

Uniré bien las dos líneas.
¿Cuántos minutos tenemos ahora?

Uniré todas las líneas.
¿Cuántos minutos han pasado en total?

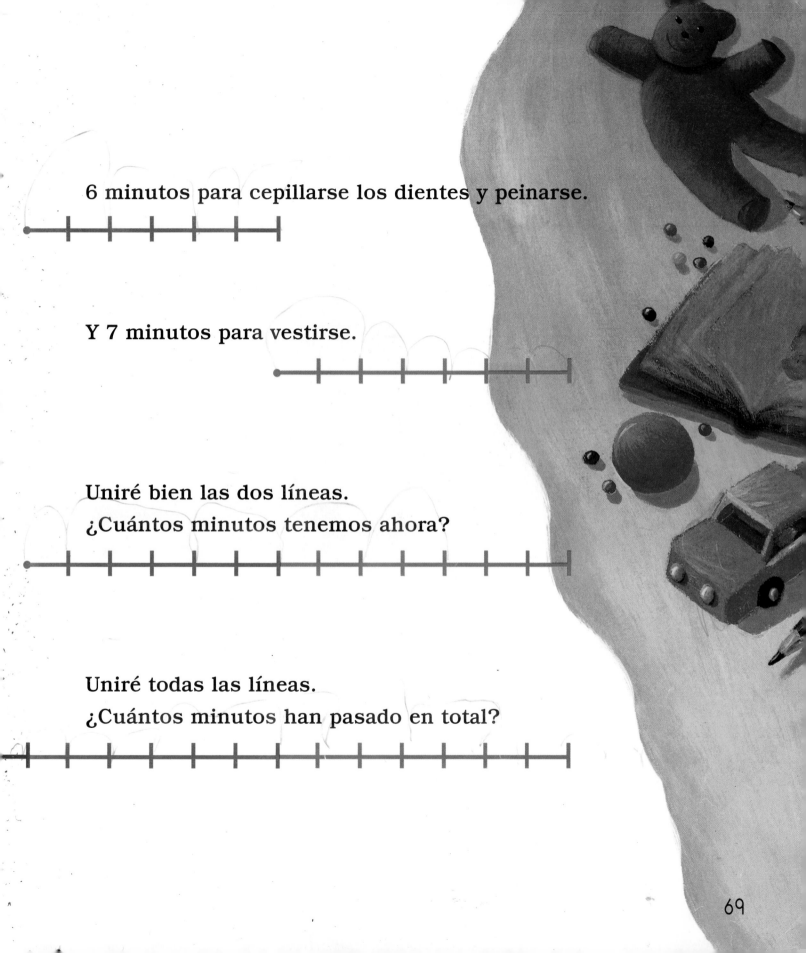

Ahora 4 minutos para empacar
todo lo que pueda encontrar.

¡Y la tarea
no debes olvidar!

1 minuto para un abrazo y
salgo por la puerta de un paso.

Quisiera un ratito más
para otra vez abrazarte.

Por fin salió de casa, casi demasiado tarde.
Ahora que se fue, todo estará tranquilo.

Mostraré 4 minutos para empacar.

Luego mostraré mi abrazo de 1 minuto.

Si uno estas dos líneas se ven así.
¿Cuántos minutos tenemos ahora?

Finalmente uniré todas las líneas.
¿Ahora cuántos minutos han pasado en total?

Ya sé cuánto tiempo le tomó alistarse,
desde que se despertó y se acurrucó con Teddy.

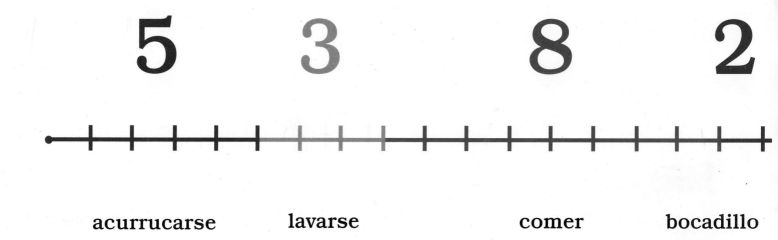

5 3 8 2

acurrucarse   lavarse   comer   bocadillo

Ella tardó 5 y 3, 8 y 2, 6 y 7, 4 y 1.
Ésos son 36 minutos. ¡Por fin pude terminar!

6   7   4 1

cepillarse
los dientes   vestirse   empacar   abrazo
peinarse

Ya salió para la escuela, y yo me sonrío.
¡El resto del día es totalmente mío!

Reflexionar y responder

① ¿Qué hace la niña desde que se despierta hasta que sale para la escuela?

② ¿Qué muestran las líneas?

③ ¿Por qué crees que el autor usa palabras que riman?

④ ¿Qué cosas haces **siempre** antes de salir para la escuela?

⑤ ¿Cómo al volver a leer las oraciones en voz alta te ayudó a comprender mejor este cuento?

Conoce al autor y a la ilustradora

Stuart J. Murphy A Stuart Murphy le encanta escribir libros de matemáticas para niños. El quiere mostrar que las personas usan las matemáticas todos los días, hasta cuando se están alistando para la escuela. Como Sammie en el cuento, su perro Blitzen lo levanta todas las mañanas.

Diane Greenseid Diane Greenseid es la orgullosa dueña de dos perros, Ida y Rosie. Ellos siempre se aseguran de que ella esté levantada para el desayuno, ¡su desayuno!

Visita *The Learning Site*
www.harcourtschool.com

Stuart J. Murphy

Diane Greenseid

Hacer conexiones

Compara textos

1 ¿Por qué piensas que "¡Levántate y anda!" está en el tema Así soy?

2 ¿Crees que el autor de "¡Levántate y anda!" y "El camaleón confundido" tuvieron el mismo motivo para escribir las dos historias? Explica tu respuesta.

3 Comenta acerca del escenario en esta historia. ¿Es la casa de la niña como alguna casa que conoces? Explica.

¡Qué buen perro!

Escribe oraciones en una tabla para comparar el perro de la historia con otros perros que conoces. ¿En qué se parece el perro de esta historia a otros perros que conoces o que hayas leído sobre ellos? ¿En qué es diferente?

CONEXIÓN con la Escritura

Igual	Diferente
• despierta a la niña	• puede decir la hora
•	•
•	

¿Cuántos minutos?

¿Cuántos minutos te tardas en estar listo para ir a la escuela? Haz una predicción y después apunta cuánto tiempo te toma. Escribe la hora cuando despiertes y después prepárate para ir a la escuela. Escribe la hora cuando termines. Para saber cuánto tiempo tardas en estar listo para ir a la escuela, resta la hora que apuntaste cuando te acababas de levantar de la hora que apuntaste cuando ya estabas listo. ¿Fue tu predicción correcta?

**CONEXIÓN
con las
Matemáticas**

¿Qué haces primero?

Observa qué hacen los adultos de tu casa cuando se preparan para iniciar el día. ¿Tú haces las cosas en el mismo orden? Haz una tabla como la siguiente para comparar el orden. Llena la tabla con lo que observas.

**CONEXIÓN
con los Estudios
sociales**

	Abuelo	Yo
Bañarse	1°	3°
Comer	3°	1°
Cepillarse los dientes	4°	2°
Vestirse	2°	4°
Despedirse	5°	5°

Palabras con la *h* muda

Al leer encontrarás palabras escritas con la letra *h*. Esta letra no representa sonido alguno, así que por eso se le llama muda.

Lee estas frases de la selección "Levántate y anda" e identifica las palabras que se escriben con *h*. Haz una lista con las palabras que encuentres.

¡A qué hora te vas a levantar!

¿Cuánto tiempo ha transcurrido ahora?

¿Cuánto tiempo se ha tardado?

Aquí hay otras palabras que se escriben con *h* muda.

hueco	**hecho**	**huida**
hielo	**hallar**	**habría**

Usa estas sugerencias para escribir ciertas palabras que llevan la *h* muda. Llevan *h*:
- las formas del verbo *haber* y *hacer* como: *he*, *hay*, *había*, y *hago*, *hizo* y *hecho*.
- cuando la primera sílaba de la palabra es *hue*, *hie* y *hui*, como: *hueso*, *hielo* y *huir*.

Preparación para las pruebas

Palabras con la _h_ muda

Señala la opción cuya primera sílaba sea igual a la parte subrayada de la palabra.

Ejemplo: **<u>hue</u>so**
- ○ hamaca
- ● huerto
- ○ humilde

Sugerencia

Fíjate si la palabra es una conjugación de los verbos _haber_ o _hacer_.

1. **<u>hie</u>lo**
   - ○ hiena
   - ○ humo
   - ◎ hilera

2. **<u>hue</u>co**
   - ○ hocico
   - ○ hacer
   - ◎ huevo

Sugerencia

Busca la primer sílaba y piensa si suena como _ue_, _ui_ o _ie_.

3. **<u>hui</u>da**
   - ◎ hora
   - ○ hecho
   - ○ huipil

El poder de las palabras

adolescente

elegante

increíble

mandados

reunión

La semana pasada fue el cumpleaños de mi amiga Teresa. ¡Tuvo una fiesta **increíble**!

Los padres de Teresa le regalaron un vestido muy **elegante**.

El hermano de Teresa, que es un **adolescente**, llegó un poco tarde a la fiesta porque había tenido que hacer muchos **mandados**.

Después de la fiesta, nuestros padres tuvieron una **reunión**, mientras nosotros jugábamos. ¡Me encantan las fiestas de cumpleaños!

CONEXIÓN
Vocabulario-Escritura

Escribe acerca de cómo son las fiestas de cumpleaños a las que tú vas. Te pones ropa **elegante** o ropa de todos los días. Van sólo niños o también van los padres.

83

¡Qué sorpresa de cumpleaños!

por Loretta López

ilustrado por el Taller del Elfo

Me llamo Lori, y soy la más pequeña de mi familia. Me crié en una ciudad que está cerca de la frontera entre Estados Unidos y México. La mitad de mis parientes vive en México, y la otra mitad aquí.

Cuando yo tenía casi seis años, mi hermana Cuqui era adolescente. Ése fue el año en que tuve la mejor de todas las fiestas de cumpleaños; ahora sabrán por qué.

85

Era verano, un día antes del cumpleaños de Cuqui. Todos los años lo festejábamos con una gran reunión en la casa del tío Daniel, en México. Yo quería comprarle un regalo a Cuqui, pero por más que pensaba no se me ocurría qué regalarle.

Cuando se lo dije a mamá, me contestó con una sonrisa:

—Cuqui no espera que tú le vayas a dar ningún regalo, mija.

—¡Pero yo quiero dárselo! —le respondí—. El problema es que Cuqui ya es grande y es difícil encontrar algo para ella.

—Bueno, imagínate qué te gustaría a ti —dijo papá.

Pensé... y pensé... Yo cumplía años en diciembre...

¡Ya lo tenía! ¡El regalo perfecto!

—¡Un perrito!

Mamá se puso seria:

—Tener un perrito es una gran responsabilidad. Cuqui comienza su último año de secundaria, y no tendrá tiempo para cuidarlo.

—¡Yo la podría ayudar! —exclamé.

—¿Sabes qué? —me dijo mamá—. Acompáñame a hacer los mandados, quizás encuentres algo.

Mamá y yo fuimos en carro hasta el puente
y cruzamos la frontera. Pasamos por casa de tía
Sabina que estaba terminando un enorme pastel.
Me besó y me acarició la mejilla con sus manos
suaves y llenas de azúcar.

—¿Cómo estás, Lori? —me saludó.

—Más o menos, tía. No sé qué regalarle
a Cuqui.

—Oh, no te preocupes —dijo mi tía—. Se te
ocurrirá algo mientras tu madre y yo hablamos
de pasteles.

Mamá y tía Sabina fueron a la cocina.
Yo seguía sin tener idea sobre el regalo...

Nuestra siguiente parada fue en el mercado de México, que era muy diferente del supermercado al que íbamos cerca de casa.

Me acerqué con mamá a la tienda de curiosidades. ¡Qué cosas tan bonitas! Alcancías, marionetas, maracas... Podría haberme pasado horas mirando todo lo que había allí, pero en seguida supe que nada de lo que tenían era lo que yo buscaba para Cuqui.

Luego pasamos por donde estaban las piñatas. Mi preferida era la del burrito.

—Espera un segundo —dijo mamá, y enseguida comenzó a hablar en voz baja con el vendedor.

—Mamá, ¿y qué tal ésta? —le pregunté.

—Me parece que Cuqui es demasiado grande para una piñata, ¿no crees? —me contestó tomándome de la mano mientras caminábamos al carro.

—No te preocupes, todo saldrá bien.

A la mañana siguiente, la casa era una locura.
Todo el mundo corría de un lado para otro,
preparándose para el gran evento. Mamá me
había hecho un vestido nuevo para ir a la fiesta y
me arregló el pelo con cintas de colores.

—¡Caramba, hoy sí que voy elegante!
—exclamé.

Cuando estuvimos todos listos fuimos a la casa
del tío Daniel. Al llegar, ocurrió algo increíble.

—¡¡¡Sorpresa!!! ¡Feliz cumpleaños, Lori!

Allí estaban mis tías y mis tíos, mis amigos,
nuestros vecinos y mis primos de los dos lados de la
frontera. ¡Todos!

—Pero... no es mi cumpleaños —dije.

Cuqui me explicó:

—Es que mi cumpleaños es en verano y yo siempre tengo una gran fiesta. Pero tu cumpleaños es en invierno, cuando hace frío, y tú no puedes tener una fiesta así. Entonces, este año se me ocurrió intercambiar cumpleaños. Después de todo, yo soy un poco grande para esto... Así que, ¡feliz cumpleaños!

¡Yo no podía creerlo! Abracé fuertemente a mi hermana y corrí adonde estaban todos. ¡Qué día! Había mucha comida, y en el centro de la mesa estaba el hermoso pastel que había visto en la casa de tía Sabina.

Al momento de la piñata, me encontré con otra sorpresa. ¡Era el burrito!

Pero la mejor sorpresa vino al final. Era una caja sencilla con un moño. Papá dijo:

—Este regalo es de todos nosotros para ti.

¿Y adivinen qué había adentro? Era algo que yo deseaba más que nada en el mundo...

¡¡¡Una perrita!!!

La saqué de la caja; ella meneaba la cola y me lamía la cara.

—Se llama Canela —dije, y todo el mundo aplaudió.

Y así fue como todo sucedió. A mi hermana se le ocurrió celebrar mi cumpleaños en lugar del suyo, y yo pienso que ésa es una de las cosas más bonitas que una persona puede hacer.

Reflexionar y responder

1 ¿Quiénes planearon la fiesta de cumpleaños de Lori?

2 ¿Cómo se parecen Lori y Cuqui?

3 ¿Por qué crees que Cuqui quiso intercambiar su cumpleaños?

4 ¿Qué sorpresa te gustaría tener para tu compleaños?

5 ¿Qué estrategia usaste para ayudarte a leer este cuento? ¿Por qué?

95

Hacer conexiones

Compara textos

1. Explica por qué "¡Qué sorpresa de cumpleaños!" se incluyó en el tema Así soy.

2. Piensa en el escenario de "¡Qué sorpresa de cumpleaños!" ¿Es diferente del escenario de "Levántate y anda"?

3. ¿Qué semejanza hay entre Lori en "Qué sorpresa de cumpleaños" y la niña de "Levántate y anda"? Usa ejemplos de la historia para explicar tu respuesta.

Compara y contrasta

Escribe un párrafo en el que describas las semejanzas y diferencias entre la niña de "¡Qué sorpresa de cumpleaños!" y la de "¡Levántate y anda!" Incluye ejemplos de la historia. Usa dos tablas para hacer una lista de ideas.

CONEXIÓN con la Escritura

Semejanzas	Diferencias
• ambas niñas quieren a los perros	• No sé el nombre de la niña de "¡Levántate y anda!" La de "¡Qué sorpresa de cumpleaños!" se llama Lori.

Creciendo juntos

Lori y Coqui crecieron juntas, pero tienen edades diferentes. Investiga cómo son las relaciones entre hermanos o hermanas de edades diferentes. Haz un folleto que muestre las actividades o intereses de dos hermanos o hermanas.

Dar gracias

CONEXIÓN
con los Estudios
sociales

Supongamos que esta historia tiene lugar en el otoño. Entrevista a un miembro de tu familia o vecino. Pregúntale cómo celebra el Día de acción de gracias y si su manera de celebrar ha cambiado desde su infancia. Comparte la entrevista con tus compañeros.

Palabras esdrújulas

Lee esta oración de "¡Qué sorpresa de cumpleaños!"

Todos los años <u>festejábamos</u> con una gran reunión en la casa del tío Daniel, en <u>México</u>.

Vuelve a leer en voz alta las palabras subrayadas *festejábamos* y *México*. Escucha como las sílabas *-já-* y *Mé-* tienen un sonido más fuerte que las otras sílabas.

En las palabras **esdrújulas**, la tercera sílaba antes de la última se oye más fuerte que las otras sílabas en la palabra. Esa sílaba siempre lleva acento escrito.

Aquí hay otras palabras esdrújulas. Di cada palabra en voz alta. ¿Cuál sílaba se escucha más fuerte?

cómico   tránsito   atlético   fantástico

Usa estas sugerencias para leer palabras largas.
- Divide la palabra en partes que conoces.
- Di cada parte en voz alta. Luego combina las partes y di la palabra.

Preparación para las pruebas

Palabras esdrújulas

Elige la palabra esdrújula que está escrita correctamente.

Ejemplo: último
- ○ república
- ● ultímo
- ○ republíca

Sugerencia

Di las palabras en voz alta y escucha cuál sílaba suena más fuerte.

1. mecanico
- ○ matématicas
- ○ matemáticas
- ○ mecaníco

2. tráfico
- ○ piensalo
- ○ trafíco
- ○ piensálo

Sugerencia

Recuerda que en las palabras esdrújulas la sílaba fuerte siempre lleva acento escrito.

3. fabúla
- ○ fábula
- ○ rustíco
- ○ rustico

El poder de las palabras

animar

arruinado

bonito

pradera

razón

solo

Hoy salí a caminar.
Es mejor no caminar
solo, así que salí con
mi papá.

Caminamos por entre
la hierba alta de la
pradera. Vimos muchas
clases de mariposas.
Hacía un día muy
bonito para caminar.
Era un día soleado pero
no muy caluroso.

100

Unos minutos más tarde comenzó a llover. Creí que nuestra caminata se nos había **arruinado** y tendríamos que volver a casa. Me sentí triste.

Pero de súbito paró de llover. Papá estaba sonriendo pero yo no sabía la **razón**. Entonces miré hacia el cielo y vi un arco iris. También sonreí. Papá sabía que el arco iris me debería de **animar**.

CONEXIÓN
Vocabulario-Escritura

Haz una lista de cosas que puedes hacer para **animar** a un amigo que esté triste.

Género

Cuento

Un cuento tiene personajes, escenario y trama.

Busca

- **el principio, medio y fin en la trama.**

- **sucesos del cuento que ocurren en orden.**

Días con

Sapo y Sepo

por Arnold Lobel

Solo

Sepo fue a casa de Sapo.

Encontró una nota

en la puerta.

La nota decía:

"Querido Sepo,

no estoy en casa.

He salido.

Quiero estar solo."

—¿Solo? —dijo Sepo—.

Sapo me tiene a mí como amigo.

¿Por qué quiere estar solo?

Sepo miró por las ventanas.

Miró en el jardín.

No vio a Sapo.

Sepo fue al bosque.

Sapo no estaba allí.

Fue a la pradera.

Sapo no estaba allí.

Sepo bajó al río.

Allí estaba Sapo.

Estaba sentado

en una isla solo.

—Pobre Sapo

—dijo Sepo—. Debe

estar muy triste.

Lo voy a animar.

Sepo corrió a casa.

Preparó bocadillos.

Hizo una jarra de té con hielo.

Lo puso todo

en una cesta.

Sepo volvió

apresuradamente al río.

—Sapo —gritó— soy yo.

¡Soy tu mejor amigo, Sepo!

Sapo estaba demasiado lejos para

oírle. Sepo se quitó la chaqueta y

la ondeó como una bandera. Sapo

estaba demasiado lejos para verlo.

Sepo gritó e hizo señales, pero fue

inútil. Sapo seguía sentado en la

isla. No veía ni oía a Sepo.

Pasó nadando una tortuga.

Sepo se subió a la tortuga.

—Tortuga —dijo Sepo—,

llévame a la isla.

Sapo está allí.

Quiere estar solo.

—Si Sapo quiere estar solo

—dijo la tortuga—,

¿por qué no le dejas solo?

—Quizá tengas razón —dijo Sepo—.

Quizá Sapo no quiere verme.

Quizá ya no quiere que sea su amigo.

—Sí, quizá

—dijo la tortuga

mientras nadaba hacia la isla.

—¡Sapo! —gritó Sepo—,

lamento todas las cosas estúpidas que

hago. Lamento todas las cosas bobas

que digo. ¡Por favor,

vuelve a ser mi amigo!

Sepo resbaló de la tortuga.

Cayó ruidosamente al río.

Sapo ayudó a Sepo

y lo subió a la isla. Sepo miró la cesta.

Los bocadillos estaban mojados.

La jarra de té con hielo estaba vacía.

—Se nos ha arruinado la comida

—dijo Sepo—.

La hice para ti, Sapo,

para que te pusieras contento.

—Pero Sepo —dijo Sapo—.

Estoy contento.

Estoy muy contento.

Esta mañana

cuando me desperté

me sentí bien porque el sol brillaba.

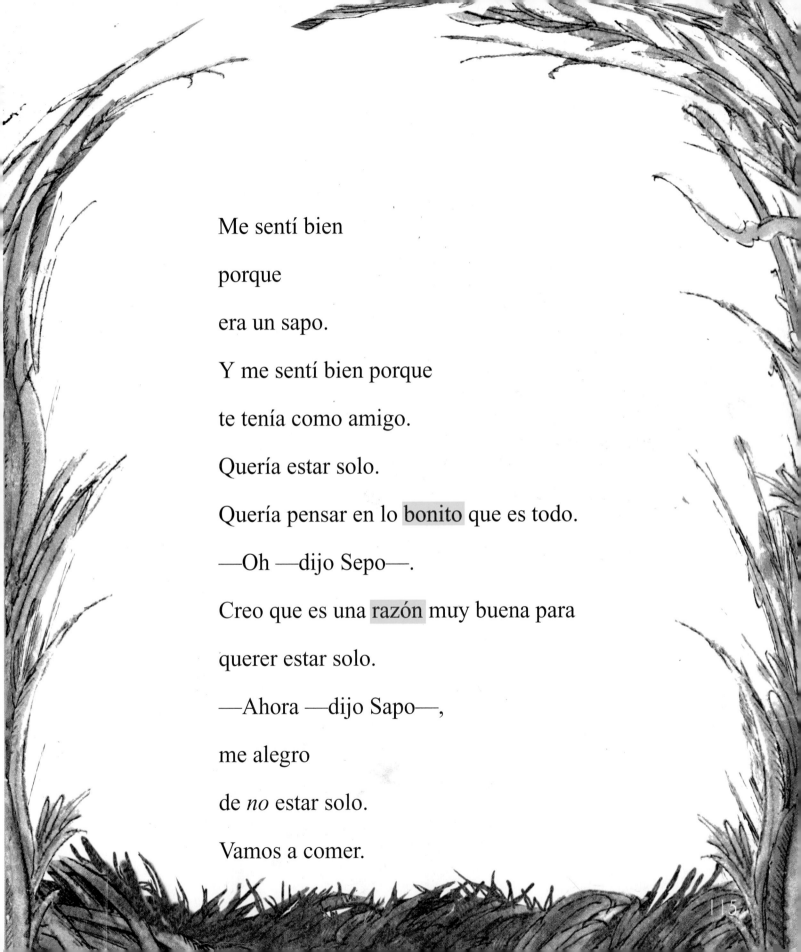

Me sentí bien

porque

era un sapo.

Y me sentí bien porque

te tenía como amigo.

Quería estar solo.

Quería pensar en lo bonito que es todo.

—Oh —dijo Sepo—.

Creo que es una razón muy buena para

querer estar solo.

—Ahora —dijo Sapo—,

me alegro

de *no* estar solo.

Vamos a comer.

Sapo y Sepo

se quedaron en la isla

toda la tarde.

Comieron bocadillos mojados

sin té con hielo.

Eran dos buenos amigos

sentados juntos, solos.

Reflexionar y responder

1 ¿Qué sucede en este cuento?

2 ¿Cómo muestra el autor que Sepo es un buen amigo de Sapo?

3 ¿Cómo trató Sepo de **animar** a Sapo?

4 ¿En qué te gusta pensar cuando estás solo?

5 ¿Qué estrategias te ayudaron a leer este cuento?

Conoce al autor e ilustrador
Arnold Lobel

En el verano, los hijos de Arnold Lobel acostumbran atrapar ranas y sapos. Los sapos son buenas mascotas. Los niños Lobel los ponen en peceras, los alimentan y los bañan con leche. Como a Arnold Lobel le interesan tanto estos animales, escribió muchas historias acerca de Sapo y Sepo.

Visita *The Learning Site*
www.harcourtschool.com

117

A veces

A veces me gusta la soledad
y mirar el cielo;
me gusta imaginar
y estar solo conmigo.

por Mary Ann Hoberman

ilustrado por Steve Johnson y Lou Fancher

Hacer conexiones

Compara textos

1. El título de este tema es Así soy. ¿Cómo logra Sapo ser él mismo en esta historia?

2. ¿Quiénes son los personajes de este cuento? ¿Son como la niña y el perro en el cuento Levántate y anda?

3. ¿Qué pudiera aprender Sepo al leer el poema "A veces"?

Un nuevo final

Sepo vió a Sapo sentado en una isla. Sapo estaba platicando con la tortuga.

Escribe un nuevo final para el cuento "Días con Sapo y Sepo". Cuenta qué hacen y dicen Sapo y Sepo. Después comparte el final de tu cuento con un compañero y comenta cómo tu final cambió la historia.

CONEXIÓN con la Escritura

120

Cartel de una rana

Haz un cartel que muestre cómo cambia una rana conforme crece. Numera y rotula a tus dibujos. Después usa tu cartel para explicar cómo cambia una rana con el tiempo.

CONEXIÓN con las Ciencias

Una pensadora famosa

Marie Curie fue una científica famosa. Ella descubrió nuevos elementos que la gente puede usar. Busca más información sobre Marie Curie y escribe un párrafo diciendo quién fue y qué descubrió.

CONEXIÓN con los Estudios sociales

Comparar y contrastar

Cuando **comparas y contrastas** historias, fíjate en el escenario, los personajes y la trama. Piensa en qué se parecen y en qué se diferencian.

El cuento "Días con Sapo y Sepo" se desarrolla en el campo alrededor de la hora del almuerzo. ¿Cómo se compara este escenario con el de "¡Levántate y anda!"?

ESCENARIOS

DÍAS CON SAPO Y SEPO	¡LEVÁNTATE Y ANDA!
• afuera • en el campo • durante el día alrededor de la hora del almuerzo	• adentro • en una casa • en la mañana alrededor de la hora del desayuno

Los dos escenarios son diferentes.

Ahora compara el escenario de "Días con Sapo y Sepo" con "El pastel de Erizo". ¿En qué se parecen? ¿En qué se diferencian?

Preparación para las pruebas

Comparar y contrastar

Lee el siguiente párrafo y contesta las preguntas.

Un día sorprendente

Mi hermano mayor y yo fuimos al zoológico. De pronto empezó a llover muy fuerte y no teníamos paraguas. Corrimos al edificio más cercano; adentro estaba oscuro y seco, pero aún así había tanta agua como afuera. ¡Habíamos entrado al edificio del acuario!

1. **¿Cuál es el escenario en este párrafo?**

   ○ una granja

   ○ un patio tracero

   ○ el zoológico

Sugerencia

Vuelve a leer el párrafo para encontrar la frase que te da la respuesta correcta.

2. **¿Por qué estar dentro del edificio es lo misma que estar afuera?**

   ○ Hay agua en ambos lugares.

   ○ Está oscuro y seco en los dos lugares.

   ○ Los leones están adentro durante el día.

El poder de las palabras

equipos

juntos

monstruoso

rugido

sorprendente

Hoy tuvimos un día de deportes en nuestra escuela. Después de almuerzo estábamos todos **juntos** en la cancha de baloncesto.

El Sr. Pacheco nos dio instrucciones de como jugar el juego y nos dijo que formáramos dos **equipos**.

124

Al principio del juego hacía un calor **monstruoso** y no jugamos muy bien.

En la segunda mitad jugamos mejor y estábamos empatados. De pronto un miembro de mi equipo, Carlos, dio un salto **sorprendente** y metió la última canasta. ¡Ganamos el juego!

Al final del día el Sr. Pacheco tenía medallas para todos. A Carlos le dieron la medalla por el salto más alto. ¡Todos lo ovacionamos con un gran **rugido**!

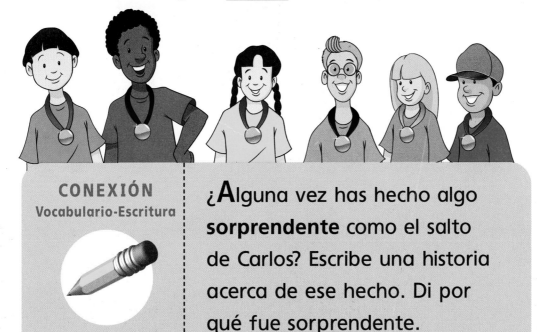

CONEXIÓN
Vocabulario-Escritura

¿**A**lguna vez has hecho algo **sorprendente** como el salto de Carlos? Escribe una historia acerca de ese hecho. Di por qué fue sorprendente.

125

Género

Ficción realista

Una ficción realista es un cuento con personajes y sucesos que son como los personajes y sucesos de la vida real.

Busca

- a personajes que tengan sentimientos como los de las personas reales.
- un escenario que pudiera ser un lugar verdadero.

Un gran

rugido

por Debra Hess

ilustrado por Diane Greenseid

Los lunes, en el salón de la maestra Caraway,
los niños juntaban sus mesas y se sentaban
en equipos de seis o siete.

Wilson se sentaba solo.

A la hora de la
comida, cuando
los amigos comían
juntos en la cafetería,

Wilson comía solo.

131

En el descanso, cuando todos
se arremolinaban para jugar
a la pelota, a los vaqueros, a los
dinosaurios o a los monstruos,

Wilson jugaba solo.

Y al final del día, cuando todos los niños se juntaban para tomar el autobús escolar o se reunían para irse a casa en coche o a pie...

Wilson se iba caminando solo.

En los días en que tocaba lectura, mientras todos formaban equipos,

Wilson leía solo.

Cuando nevaba, mientras Ben, Sam, Lucy
y Meg se ayudaban a ponerse los trajes
térmicos,

Wilson se vestía solo.

Cuando los niños hacían muñecos de nieve
y se lanzaban bolas, y gritaban y reían,
Wilson no reía...

porque estaba solo.

Un día llegó una niña nueva a la escuela. Se llamaba Sara y sonreía todo el tiempo.

Ella se sentó sola, comió sola, leyó sola y jugó sola.

Pero solamente por un día.

En su segundo día de clases, Sara empujó su
mesa junto a un grupo de otras mesas, comió
con otros niños, jugó a los monstruos en la
nieve y se rió.

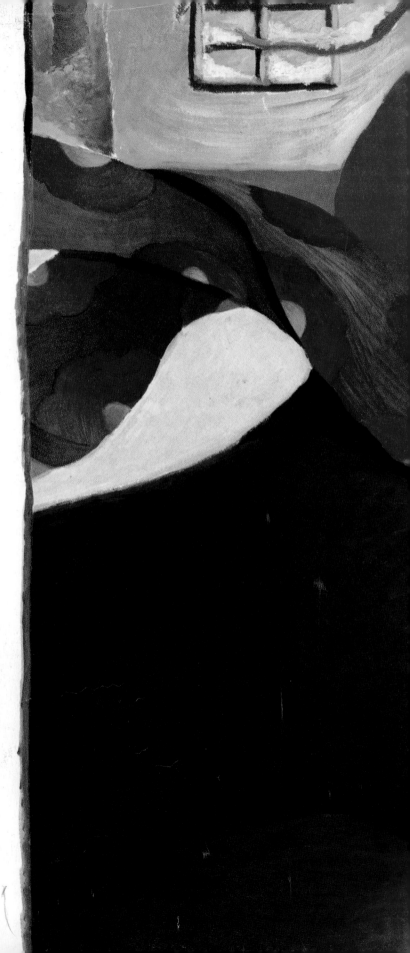

Y Wilson la observó desde
donde estaba sentado,
solo. La observó todo ese día
y también el día siguiente.

Sara vio que la observaba y
corrió por la nieve,

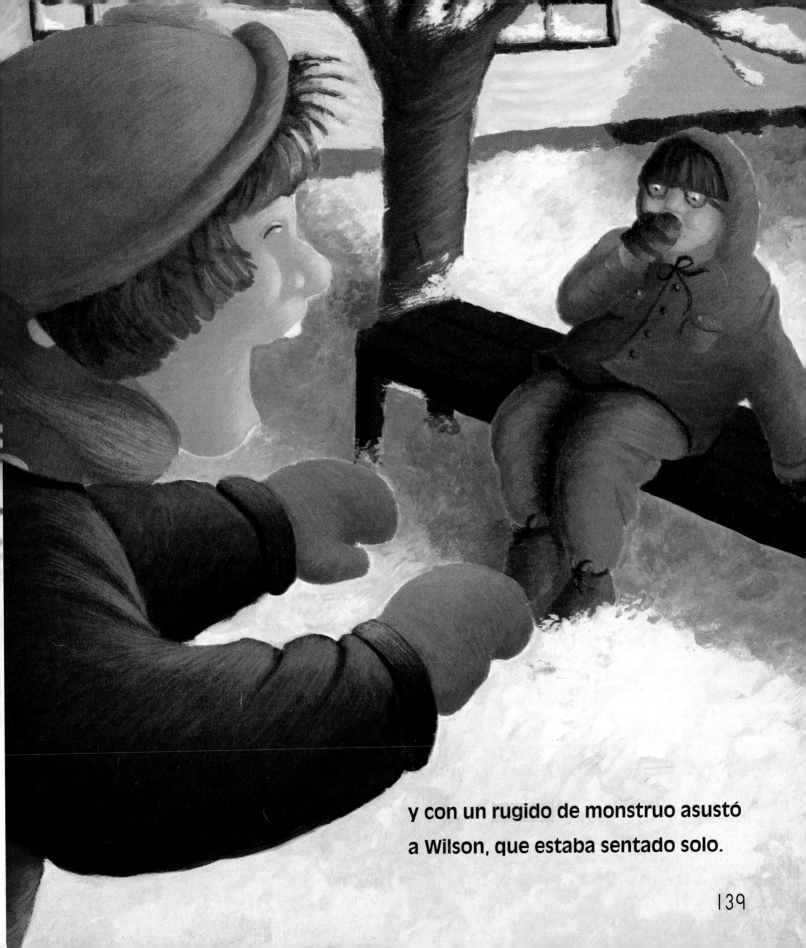

y con un rugido de monstruo asustó
a Wilson, que estaba sentado solo.

—¡No hagas eso! —dijo Lucy.

—No le hagas eso a Wilson

—exclamó Sam.

—¿Por qué no? —preguntó Sara.

—Él siempre se sienta solo

—dijo Sam.

—Él siempre juega solo —dijo Meg.

—A él le gusta estar solo

—dijo Ben.

Y entonces ocurrió algo
sorprendente.

Wilson respondió rugiendo.

Primero bajito, y luego más y más
y más fuerte...

Fue el rugido más grande,
más fuerte y más **monstruoso**
de todos los tiempos.

Y desde ese día, Wilson jugó
con los demás niños,
comió con ellos, se sentó
con ellos, leyó con ellos y
se fue caminando con ellos.

Y Wilson ya no estuvo solo nunca más.

Reflexionar y responder

1 ¿Cómo cambia Wilson en este cuento?

2 ¿Por qué son Sara y Wilson personajes importantes?

3 ¿Por qué crees que Wilson hizo un gran rugido?

4 Si tu clase tiene que escoger **equipos** para un juego, ¿cómo te aseguras de no excluir a nadie?

5 ¿Qué eventos crees que sucederán después?

Conoce a la autora y a la ilustradora

Debra Hess

Debra Hess afirma que cuando era niña casi nunca se sentaba sola. Hablaba con todo el mundo, tal como lo hacía Sara.

Debra Hess vive en Nueva York con su esposo. Es autora de muchos libros y obras de teatro para niños.

Diane Greenseid

Diane Greenseid ha ilustrado muchas revistas y periódicos. Ésta es la primera vez que ilustra un libro para niños. Es conocida por su modo de utilizar los colores en sus pinturas.

Diane Greenseid vive en California.

Visita *The Learning Site*
www.harcourtschool.com

145

Hacer conexiones

Compara textos

1 ¿Por qué piensas que "Un gran rugido" está en el tema Así soy?

2 Ambos, Wilson y Sapo, de "Días con Sapo y Sepo", pasan tiempo solos. ¿En qué son diferentes los motivos de cada uno para ser como son?

3 ¿En qué se parece Sara a Wilson? ¿En qué es diferente?

Escribe una carta

Imagina que un estudiante nuevo se unirá a tu grupo la siguiente semana. Escribe una carta donde le expreses unas palabras de bienvenida. Comenta cosas que hace tu grupo que puedan ser útiles para tu nuevo compañero o compañera.

CONEXIÓN con la Escritura

11 de octubre del 2004

Querido Rob,
Estoy contento de que vas a estar en mi clase.

Buen ciudadano

Sara es muy amable con Wilson. De esta manera demuestra ser una buena ciudadana. ¿Conoces otras formas de mostrar buena ciudadanía? Trabaja con compañeros para agregar ideas a esta lista. Pega la lista en tu salón donde todos puedan verla.

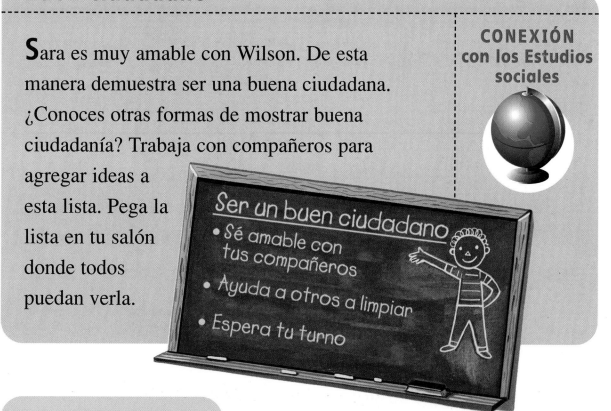

Ser un buen ciudadano
- Sé amable con tus compañeros
- Ayuda a otros a limpiar
- Espera tu turno

Empujar y jalar

Sara empuja su escritorio para agruparlo con otros escritorios. Empujar o jalar algo puede hacer que se mueva. Usa una báscula de resortes para averiguar cuánta fuerza se necesita para mover cosas. ¿Qué objeto requiere de más fuerza para ser movido?

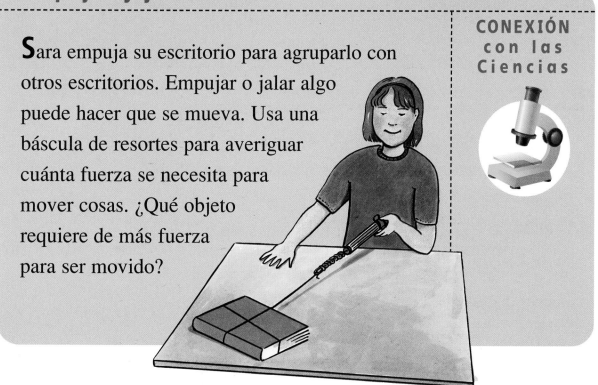

Elementos narrativos

Destreza de enfoque

Toda historia tiene un escenario, personajes y una trama. El escenario de "Un gran rugido" es una escuela. Los personajes son Wilson y sus compañeros de clases.

Puedes averiguar lo que siente un personaje de una historia al leer lo que dice y hace.

Al principio	Al final
Wilson juega solo.	Wilson juega con otros.
Wilson no se ríe.	Wilson se ríe.
Wilson no habla con nadie.	Wilson habla con otros.

Puedes decir que Wilson se siente solo y triste al principio de la historia. ¿Cómo se siente Wilson al final?

Visita *The Learning Site*
www.harcourtschool.com

Ve *Destrezas y Actividades*

Preparación para las pruebas

Elementos narrativos

Lee el párrafo y contesta las preguntas.

La respuesta de Dan

Dan estaba sentado muy callado en la clase. Sus manos estaban sudorosas. Él sabía la respuesta, pero no quería levantar la mano. Por fin Dan la levantó. Después se puso de pie y dijo la respuesta. Su amigo le dio una palmada en la espalda. Dan sonrió.

1. **¿Cómo se siente Dan al principio de la historia?**
   - ○ triste
   - ○ cansado
   - ○ nervioso
   - ○ aburrido

Sugerencia

Lee de nuevo el párrafo para asegurarte que comprendiste el orden de los sucesos.

2. **¿Cómo se siente Dan al final de la historia?**
   - ○ molesto
   - ○ infeliz
   - ○ orgulloso
   - ○ enojado

Sugerencia

Piensa cómo te sentirías si fueras Dan. Halla la respuesta que se parezca más a tu idea.

Damos una mano

Contenido

El poder de las palabras

fuerte
gigante
jalaba
nabo
nieta
plantó

Ésta es la Sra. Smith y su **nieta** Millie. Ellas son mis vecinas.

La Sra. Smith tiene una huerta **gigante** que cubre casi todo su patio trasero. El año pasado ella **plantó** vegetales como habichuelas y tomates. También plantó muchas flores en la tierra.

Millie regaba la huerta todos los días, mientras que la Sra. Smith **jalaba** la maleza. Ella es muy **fuerte** y puede arrancarlas aunque algunas son muy grandes.

A veces la Sra. Smith regala vegetales a sus vecinos. El otro día nos trajo tomates, habichuelas y un **nabo** enorme. Me gusta mucho vivir al lado de la Sra. Smith.

CONEXIÓN
Vocabulario-Escritura

Imagínate que tienes una huerta **gigante**. Escribe un párrafo en el que digas que tipo de vegetales y plantas te gustaría sembrar en él y por qué.

153

Género

Cuento popular

Un cuento popular es una historia que ha sido contada a través de los años por un grupo de personas.

Busca

- cosas que sean mucho más grandes de lo que pueden ser en la vida real.

- sucesos que se repitan.

154

El nabo gigante

por Alexei Tolstoy
ilustrado por Scott Goto

Hubo una vez un anciano que plantó un pequeño nabo y dijo: —¡Crece, crece, pequeño nabo, crece dulce! ¡Crece, crece, pequeño nabo, crece fuerte!

Y el nabo creció dulce y fuerte, grande y gigante.

Un buen día, el anciano fue a sacar el nabo. Aunque jalaba y jalaba una y otra vez, no podía sacarlo.

Entonces llamó a la anciana. La anciana jalaba al anciano y el anciano jalaba el nabo.

Y aunque juntos jalaban y jalaban una y otra vez, no podían sacarlo.

Luego, la anciana llamó a su nieta.
La nieta jalaba a la anciana,
la anciana jalaba al anciano
y el anciano jalaba el nabo.

Y aunque juntos jalaban y jalaban una y
otra vez, no podían sacarlo.

161

La nieta llamó a un perro negro.
El perro negro jalaba a la nieta,
la nieta jalaba a la anciana,
la anciana jalaba al anciano
y el anciano jalaba el nabo.

Y aunque juntos jalaban y jalaban una y
otra vez, no podían sacarlo.

El perro llamó al gato.
El gato jalaba al perro,
el perro jalaba a la nieta,
la nieta jalaba a la anciana,
la anciana jalaba al anciano
y el anciano jalaba el nabo.

Y aunque juntos jalaban y jalaban una
y otra vez, aún así no podían sacarlo.

El gato llamó al ratón.
El ratón jalaba al gato,
el gato jalaba al perro,
el perro jalaba a la nieta,
la nieta jalaba a la anciana,
la anciana jalaba al anciano
y el anciano jalaba el nabo.

Y juntos jalaban y jalaban una
y otra vez...

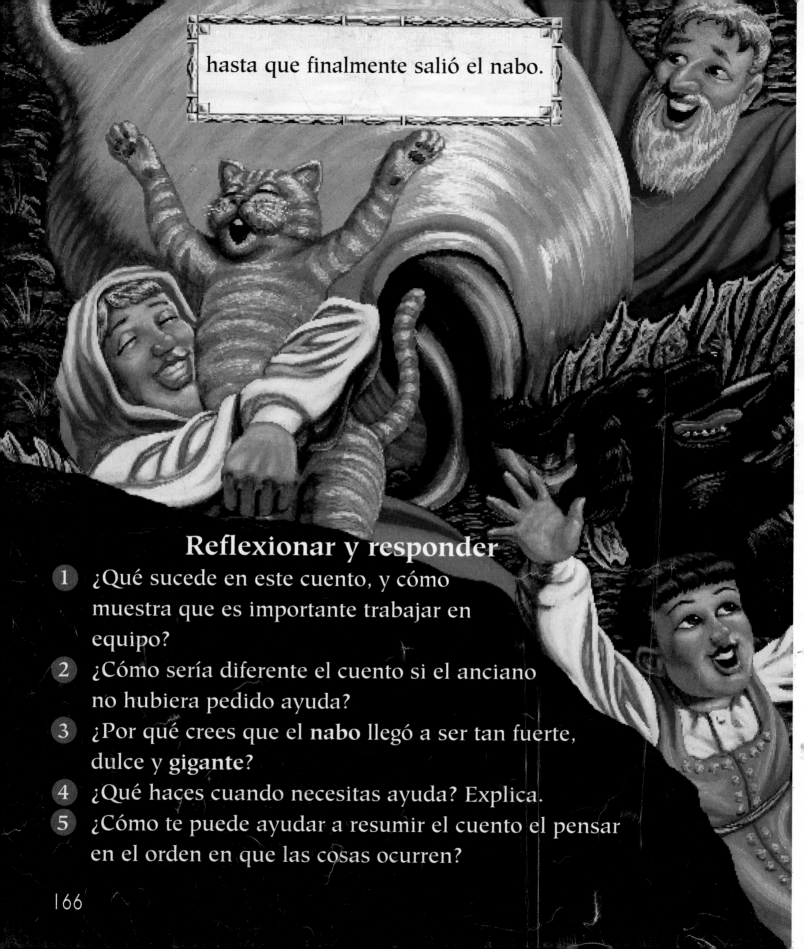

hasta que finalmente salió el nabo.

Reflexionar y responder

1. ¿Qué sucede en este cuento, y cómo muestra que es importante trabajar en equipo?

2. ¿Cómo sería diferente el cuento si el anciano no hubiera pedido ayuda?

3. ¿Por qué crees que el **nabo** llegó a ser tan fuerte, dulce y **gigante**?

4. ¿Qué haces cuando necesitas ayuda? Explica.

5. ¿Cómo te puede ayudar a resumir el cuento el pensar en el orden en que las cosas ocurren?

Sobre el autor

ALEXEI TOLSTOY fue un escritor en Rusia. Escribió cuentos, para niños y también poemas, obras de teatro e historias para adultos. También escribió historias de ciencia ficción. Una de ellas trata sobre un viaje a Marte.

Conoce al ilustrador

SCOTT GOTO ha dibujado desde que era niño. Su amor por el arte lo hace trabajar con ahínco para ser cada vez mejor. Disfruta escuchar música, tocar guitarra y mirar dibujos animados. A Scott Goto también le gusta aprender historia.

Visita *The Learning Site*
www.harcourtschool.com

Hacer conexiones

Compara textos

1. ¿Por qué crees que este cuento popular está dentro del tema llamado Damos una mano?

2. ¿En qué se parecen todos los personajes de este cuento popular? Explica tu respuesta.

3. Recuerda alguna ocasión en que necesitaste ayuda para hacer algo. ¿A cuánta gente se la pediste? ¿Cómo te ayudaron?

Escribe instrucciones

Describe en tres pasos cómo cultivar una planta y numera cada paso. Asegúrate de que los pasos estén en orden.

CONEXIÓN con la Escritura

Todo sobre una planta

CONEXIÓN
con las
Ciencias

Cultiva una planta de frijol y pídele a tu maestro o maestra que te ayude. Dibuja la planta cada día durante dos semanas y después coloca los dibujos en orden. Platica con tus compañeros acerca del crecimiento de tu planta y pregúntales acerca de las suyas.

¡Gracias, Sr. Carver!

CONEXIÓN
con los Estudios
sociales

George Washington Carver fue un científico que trabajó con plantas de cacahuates. Encontró más de 300 formas nuevas de usarlas. Investiga más acerca de George Washington Carver. Entrega un informe acerca de su vida y de cómo su trabajo ayudó a la gente.

Secuencia

Destreza de enfoque

En "El nabo gigante" los sucesos de la historia siguen un orden de tiempo o de **secuencia**. El primer suceso está al principio de la historia y el último al final de la historia. Palabras de tiempo como *primero, luego, entonces, después, más tarde* y *finalmente* pueden ayudarte a ubicar la secuencia de la historia.

Primero el viejo jaló.

⇩

Luego llamó a la vieja.

⇩

Entonces la vieja llamó a su nieta.

⇩

Después la nieta llamó al perro negro.

⇩

Después el perro llamó al gato.

⇩

Más tarde el gato llamó al ratón.

⇩

Finalmente _____.

¿Qué sucedió después de que el viejo llamó a la vieja? ¿Qué sucedió al final en esta secuencia?

Visita *The Learning Site*
www.harcourtschool.com

Ve Destrezas y Actividades

Preparación para las pruebas

Secuencia

Lee el párrafo y después completa las oraciones.

Las mañanas de Peter

Cada mañana a las siete, la mamá de Peter lo despierta. Primero se levanta. Luego se peina y se viste. Después desayuna y se lava los dientes. Finalmente Peter sale a esperar el autobús de la escuela.

1. **Lo primero que Peter hace cada mañana es ___.**

   ○ esperar el autobús

   ○ desayunar

   ○ levantarse

   ○ despertar a su hermano

Sugerencia

Asegúrate de comprender muy bien lo que dice cada afirmación.

2. **Lo último que Peter hace antes de salir de su casa es ___.**

   ○ vestirse

   ○ desayunar

   ○ ir a la escuela

   ○ lavarse los dientes

Sugerencia

Al leer busca palabras de orden de tiempo como *primero, luego* y *finalmente.*

El poder de las palabras

germinarán

herramienta

quehaceres

satisfecho

sencillo

sucios

Mi familia trabaja en el patio trasero de mi casa todos los domingos. Todos tenemos **quehaceres**. Éstos son trabajos que hacemos para mantener nuestro jardín.

Yo trabajo con mi mamá. Le ayudo a arrancar la maleza. Parece ser **sencillo**, ¡pero resulta ser muy difícil!

Luego riego el jardín donde sembramos las flores. Mi mamá me promete que **germinarán**.

Papá corta la grama. A veces es difícil que prenda la máquina.

Mi hermana recoge las hojas con un rastrillo. Un rastrillo es una **herramienta** muy útil para ese trabajo.

Cuando terminamos estamos **sucios** y cansados. ¡Cada uno se siente **satisfecho** por haber ayudado!

CONEXIÓN
Vocabulario-Escritura

¿**T**ienen **quehaceres** los miembros de tu familia? Escribe acerca de cómo cada persona ayuda en tu casa.

173

Autor y
fotógrafo premiado

No ficción: Ensayo fotográfico

Un ensayo fotográfico nos habla de un tema usando fotografías y palabras.

Busca

- fotografías que den ideas importantes acerca del tema.

- oraciones que te ayuden a comprender las fotografías.

Ayudar
es sencillo

Texto y

fotografías por

George Ancona

Ayudar puede ser tan sencillo como pasarle a alguien una herramienta cuando la necesita.

En primavera puedes ayudar a plantar semillas en la huerta del jardín. Pronto germinarán y se convertirán en alimentos.

Algunos quehaceres pueden ser divertidos, como lavar el auto en un caluroso día de verano.

Algunos trabajos
pueden ser sucios,
como cambiarle el
aceite al motor del auto.

Hasta el profesor necesita que colabores para mantener limpio y ordenado el salón de clases.

Si trabajas con un adulto y haces un buen trabajo, te sentirás satisfecho.

Y cuando aprendas a hacer bien los quehaceres, te podrán empezar a pagar por tu labor.

Pero no olvides que lo mejor de ayudar es que te acercas a otras personas.

Reflexionar y responder

1 ¿Cómo ayudan los niños de este cuento a los demás?

2 ¿Crees que este cuento sería tan interesante si no tuviera fotografías? ¿Por qué?

3 ¿Por qué crees que el autor escogió la fotografía de arriba para acompañar la última oración?

4 ¿Qué trabajos **sencillos** puedes hacer para ayudar en tu escuela?

5 ¿Qué estrategias te ayudaron a leer este cuento? ¿Cuándo las usaste?

186

Conoce al autor y fotógrafo
George Ancona

Queridos lectores:

Cuando era un muchacho, pasé muchos de los mejores momentos de mi vida ayudando a personas mayores. A veces ayudaba a mis padres o vecinos.

Decidí escribir este libro cuando vi cómo los jóvenes ayudan a las personas mayores. Quizá tú también encuentres otras formas de ayudar a los demás que conoces.

Visita *The Learning Site*
www.harcourtschool.com

187

Todos participamos

por Quentin Blake

Cuando limpiamos la casa,
TODOS PARTICIPAMOS.

Cuando intentamos
atrapar un ratón,
TODOS PARTICIPAMOS.

Cuando hay algo que pintar,
TODOS PARTICIPAMOS.

Y cuando la abuelita
se va a desmayar,

TODOS PARTICIPAMOS.

Y si Fernando quiere hacer
un pastel de chocolate con plátano,
¿qué hacemos? ¡Obvio!

TODOS PARTICIPAMOS.

Hacer conexiones

Compara textos

1. ¿Por qué crees que "Ayudar es sencillo" aparece después de "El nabo gigante"?

2. ¿Cómo te ayudaron las fotografías a comprender las palabras de la historia "Ayudar es sencillo"?

3. Piensa en el poema "Todos participamos". ¿En qué se parece y en qué es diferente a "Ayudar es sencillo"?

Ayudar puede ser fácil

Era nuevo en la escuela y me sentía un poco solo. Luego llegó Joaquín y me invitó a jugar básquetbol con otros niños.

Recuerda alguna vez que alguien te haya ayudado. ¿Qué hizo esa persona? Escribe un párrafo que cuente lo que pasó y cómo te sentiste. Comparte tu historia con tus compañeros.

CONEXIÓN con la Escritura

Ayuda al ambiente

Piensa cómo la gente podría ayudar al ambiente cada día. Haz un pequeño cartel que muestre tu idea. Comparte tu idea con tus compañeros.

¡Ayude ahorrando luz!

Apague las luces cuando no las necesite.

CONEXIÓN con las Ciencias

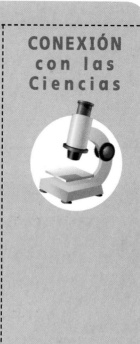

Grandes ayudantes

Florence Nightingale, Susan B. Anthony, Andrew Carnegie y Sojourner Truth ayudaron a hacer del mundo un mejor lugar. Investiga tres datos de cada una de estas personas. Después da una breve reseña a tus compañeros.

CONEXIÓN con los Estudios sociales

Susan B. Anthony fue una gran ayudante. Ella pensaba que las mujeres deberían de tener los mismos derechos que los hombres. Peleó toda su vida para que las mujeres obtuvieran el derecho de votar.

191

Los diptongos
ua y ue

Lee estas oraciones.

En la temporada de lluvias, todo se cubre de <u>agua</u>.

Es <u>bueno</u> saber que en la primavera todo florece.

Después de ir a <u>Guatemala</u>, visitaremos Costa Rica.

Tengo que estudiar mucho para la <u>prueba</u>.

Vuelve a leer en voz alta las palabras subrayadas.

Estas palabras contienen el diptongo *ua* o *ue*.

ua	ue
agua	bueno
Guatemala	prueba

Ahora observa estas palabras más largas. Usa lo que sabes de las partes de palabras para leerlas.

amueblar	**aguacero**	**abuelito**
nuevamente	**guapísimo**	**anticuado**

Sugerencias para leer una palabra larga.
- Divide las palabras en partes conocidas.
- Lee cada parte. Luego combina las partes para formar nuevas palabras.

Preparación para las pruebas

Los diptongos *ua* y *ue*

Elige la palabra que contenga el diptongo subrayado en la primera palabra.

Ejemplo: **iguana**
- ● aguacate
- ○ gusano
- ○ guitarra

1.   **bueno**
- ○ hueso
- ○ humo
- ○ billetera

2.   **guacamaya**
- ○ gusano
- ○ guapo
- ○ gaucho

3.   **puedo**
- ○ pulido
- ○ pedazo
- ○ pueblo

El poder de las palabras

El Sr. Putter y Tabby vuelan el avión

grúas

instrucciones

preocupada

promesa

retorcerse

Me regalaron un carrito de juguete para mi cumpleaños. Antes de jugar con él leí las **instrucciones** para averiguar cómo funcionaba.

Llevé el carrito afuera para jugar con él. Mi perro Rufus vino a ver lo que estaba haciendo. Husmeó el carrito un rato. Su nariz no paraba de **retorcerse**.

Entonces mi hermano quiso jugar con el carrito. Me hizo una **promesa** de que tendría cuidado. Yo estaba un poco **preocupada**.

Mi hermano decidió usar sus **grúas** para alzar el carrito alto en el aire. Parecía divertido. ¡Decidí jugar también!

CONEXIÓN
Vocabulario-Escritura

Escribe acerca de alguna vez que le hiciste una **promesa** a alguien.

195

Autora premiada

Género

Ficción realista

Una ficción realista es un cuento con personajes que actúan como las personas de la vida real.

Busca

- un escenario que sea como un lugar de la vida real.

- sucesos que puedan ocurrir en la vida real.

El Sr. Putter y Tabby

vuelan el avión

por Cynthia Rylant

ilustrado por Arthur Howard

1

Juguetes

El Sr. Putter amaba los juguetes.

Era viejo, lo sabía y se suponía que ya no

debían de gustarle los juguetes.

Pero le gustaban.

Cuando el Sr. Putter y su elegante

gata, Tabby, iban en auto a la ciudad,

siempre se detenían en la juguetería.

Tabby no era feliz en la juguetería.
También era vieja,
y sus nervios ya no eran
los de antes.

Los juguetes de cuerda la hacían retorcerse.
Las cajas con sorpresas la hacían saltar.

Y cualquier cosa que
volara le provocaba hipo.

Pero Tabby amaba al Sr. Putter,
de modo que toleraba todo eso.
Mientras se retorcía y saltaba
e hipaba, el Sr. Putter
jugaba con todo.
Jugaba con camiones de volteo.
Jugaba con grúas.
Jugaba con el oso en el trapecio.

Pero más que nada,
jugaba con los aviones.

Desde que era niño,

al Sr. Putter le encantaban los aviones.

Cuando era un muchacho había cubierto

toda su habitación con aviones.

Los biplanos eran sus favoritos,

pero también le gustaban los

monoplanos

y los hidroplanos

y los relucientes *junkers*.

Pensaba que algún día

podría volar un avión de verdad.

Pero nunca lo hizo.

Así que ahora sólo miraba

los aviones de juguete

cada vez que podía.

Un día, cuando
el Sr. Putter y Tabby
se encontraban en la juguetería y Tabby
siseaba a un pingüino de cuerda,
el Sr. Putter descubrió un avión
que jamás había visto.

Era blanco y rojo, con
dos alas de cada lado
y una banderita en la cola.
Era el biplano más hermoso
que jamás había visto.
Y también tenía un control de radio
para que una persona lo hiciera volar de verdad.

El Sr. Putter quedó enamorado.

Compró el pequeño avión y lo puso

en el auto con Tabby.

Le dijo que no estuviera preocupada.

Prometió servirle una rica taza de té

con mucha crema

y un panecillo caliente.

Pero la gata tuvo hipo durante todo el camino a casa.

El avioncito

El Sr. Putter cumplió su promesa.

Sirvió a Tabby una taza de té con crema

y un panecillo caliente.

Luego salieron juntos

para volar su nuevo avión.

Tabby había dejado de hipar,
pero sólo porque estaba llena de té.
Seguía sin gustarle el avión del Sr. Putter.
El Sr. Putter se sentó en la hierba
y leyó todas las instrucciones.

Luego puso el avión en el césped
y retrocedió,
y presionó el botón de arranque.
Pero el avión no voló.
Sólo se volteó y el motor se apagó.
Tabby ronroneó.

El Sr. Putter corrió hasta el avioncito.

Volvió a ponerlo sobre sus ruedas.

Le dijo que se portara bien.

Luego retrocedió

y presionó el botón de arranque.

Pero el avión no voló.

Cayó de nariz y el motor se apagó.

Tabby ronroneó y ronroneó.

El Sr. Putter corrió hacia el avión.

Limpió la tierra de su punta.

Le dijo que fuera valiente.

Entonces retrocedió

y presionó el botón de arranque.

Pero el avión no voló.

Una de sus alas se cayó

y el motor se apagó.

Tabby ronroneó y ronroneó y ronroneó.

Pero el pobre Sr. Putter estaba muy triste.

Recogió su pequeño biplano.

Le dijo al avión que todo era

culpa suya.

Le dijo que él era un anciano

y que los ancianos no debían tener juguetes.

Dijo que él no sabía

volar aviones.

Tabby observaba al Sr. Putter.

Pudo darse cuenta de lo triste que estaba.

Y entonces también se sintió triste.

Tabby se acercó al Sr. Putter

y frotó el lomo contra sus piernas.

Se sentó en su hombro,

apoyó su cabeza contra la de él

y lamió su nariz.

Esto hizo que el Sr. Putter se sintiera mejor.

Así que decidió intentarlo otra vez.

Arregló el ala.

Puso el avioncito en la hierba.

Le dijo que él y Tabby sabían

que era el mejor aeroplano del mundo.

Luego presionó el botón de arranque.

El avión estornudó.

El avión tosió.

El avión se sacudió.

Pero no se apagó.

El motor comenzó a calentarse y a sonar mejor.

Luego, muy lentamente, rodó sobre la hierba.

Aumentó su velocidad…

¡Y entonces *voló*!

Se elevó hasta el cielo azul.

El Sr. Putter gritaba hurras. Tabby ronroneaba e hipaba.

¡El Sr. Putter al fin volaba su propio avión!

Reflexionar y responder

1. ¿Cómo ayuda Tabby al Sr. Putter a volar su avión?

2. ¿Por qué crees que la autora habla de los juguetes que **preocupan** a Tabby?

3. ¿Qué detalles te harían pensar que el Sr. Putter y Tabby son buenos amigos?

4. ¿Cuál es tu juguete favorito? Explica tu respuesta.

5. ¿Cuáles estrategias te ayudaron a leer este cuento?

Cynthia Rylant

Queridos lectores:

Me encanta escribir. Pienso que escribir un libro nos ayuda a embellecer al mundo. Pero también hay otras maneras de embellecerlo, como plantar flores, preparar comida deliciosa o cuidar a una mascota.

Una de mis mascotas es un gato llamado Morita. A Morita sólo le gusta una cosa: ¡comer!

♡ *Cynthia Rylant*

Arthur Howard

Queridos lectores:

Antes de ilustrar esta historia pensé mucho en el Sr. Putter y en Tabby. Me preguntaba cuál sería su aspecto en una juguetería o mientras volaban el avión de juguete.

Muchas personas me han preguntado si tengo un gato. No es así, pero me gustan mucho. Sin embargo, tengo una mascota especial, un cangrejo ermitaño llamado Buster.

Visita *The Learning Site*
www.harcourtschool.com

Salta por la salud

por Tina Brigham

¿Conoces alguna forma de divertirte y ayudar a otros al mismo tiempo? ¿Qué te parece saltar la cuerda? Eric Townes es un estudiante de segundo grado en Lakeland, Florida. Él saltó la cuerda con otros niños con el propósito de reunir fondos para un grupo de salud.

Para entrenarse, Eric practicó todos los días saltando la cuerda en su casa. Otros niños de su escuela también se entrenaron.

220

Al llegar el gran día, miembros de familia y maestros fueron al gimnasio a verlos. Algunos de los niños más pequeños tuvieron dificultades con sus cuerdas, pero de todas maneras hicieron un gran esfuerzo. Eric aplaudió para animarlos.

Al final del día, cada niño ganó un premio por saltar la cuerda. Eric también recibió una nueva cuerda para saltar. ¡Lo mejor de todo fue que se sintió muy bien sabiendo que había ayudado a otros!

Hacer conexiones

Compara textos

1. ¿Por qué piensas que "El Sr. Putter y Tabby vuelan el avión" está después de "Ayudar es sencillo"? ¿En qué se parecen estos cuentos?

2. ¿En qué se parece el problema del Sr. Putter al problema del anciano que aparece en "El nabo gigante"?

3. ¿Cómo "Salta por la salud" está escrito de una forma diferente a cómo está escrito "El Sr. Putter y Tabby vuelan el avión"?

Un catálogo de juguetes

El camión de bomberos rojo tiene una escalera que sube y baja.

Haz un catálogo de juguetes para el Sr. Putter. Dibuja juguetes que al Sr. Putter le puedan gustar. Debajo de los dibujos escribe oraciones acerca de los juguetes. Agrega tus dibujos a un catálogo de la clase.

CONEXIÓN
con la
Escritura

Datos acerca de los gatos

Puedes hacer tarjetas de gatos. Investiga sobre el ciclo de vida de los gatos. Escribe cada dato en una tarjeta. En la parte de atrás haz un dibujo sobre el dato. Intercambia tus tarjetas de gatos con tus compañeros.

Los gatos abren sus ojos una semana después de que nacen.

¿Qué quieres ser?

Quiero ser un astronauta y visitar Marte.

Cuando el Sr. Putter era niño soñaba con volar un avión. ¿Qué cosa especial quieres hacer cuando seas grande? Haz un cartel que muestre tu sueño. Comparte el cartel con tus compañeros.

Abreviaturas comunes

Una **abreviatura** es la forma corta de una palabra. Por lo general, las abreviaturas empiezan con mayúscula y terminan con un punto.

Puedes abreviar el título de una persona.
    Sr. Ruiz   **Srta. Brown**
    Sra. García   **Dr. Fuentes**

Hay abreviaturas en las calles.
    Avenida del Parque → Av. del Parque
    Callejón del Sapo → Cjón. del Sapo
    Boulevard Principal → Blvd. Principal

Los nombres de los días y los meses pueden abreviarse.
    DOMINGO → DOM.   **DICIEMBRE → DIC.**
    MIÉRCOLES → MIÉR.   **NOVIEMBRE → NOV.**

También puedes abreviar medidas.
    1 metro → 1 m   **1 centímetro → 1 cm**
    1 pulgada → 1 pulg   **1 kilogramo → 1 kg**

    La mayoría de las abreviaturas para medidas no llevan mayúscula o punto.

Preparación para las pruebas

Abreviaturas comunes

Elige la abreviatura correcta para cada palabra.

Ejemplo: **Doctor**

- ○ dr.
- ○ Dr
- ● Dr.

1. **litro**

- ○ Lt
- ○ lt.
- ○ lt

Sugerencia

Recuerda que las abreviaturas de medidas no empiezan con mayúscula ni terminan en punto.

2. **señor**

- ○ Sr
- ○ sr
- ○ Sr.

Sugerencia

La mayoría de las abreviaturas termina en punto.

3. **avenida**

- ○ av
- ○ Av.
- ○ Av

El poder de las palabras

grumosa

hornear

mantequilla

rebanada

receta

tazón

Toshi quiere hacer un pastel. Necesita saber cómo hacerlo así que busca una **receta**.

Toshi bate harina, leche y huevos en un **tazón** hasta que la mezcla no esté **grumosa**. Quiere que el pastel le quede perfecto.

Ahora Toshi cubre el fondo de un molde con **mantequilla**. La mantequilla no deja que el pastel se pegue. Luego Toshi vierte la mezcla en el molde y lo pone a **hornear**.

Cuando el pastel está listo, lo saca del horno y lo corta en **rebanadas**. Todos sus amigos están de acuerdo, ¡es el mejor pastel que Toshi ha hecho!

CONEXIÓN
Vocabulario-Escritura

Escribe la **receta** de tu merienda favorita.

Autora e ilustradora premiadas

Cuento

Un cuento tiene personajes, escenario y trama.

Busca

- **el principio, medio y fin en la trama.**

- **sucesos del cuento que ocurren en orden.**

228

El pastel de Erizo

por Maryann Macdonald   ilustrado por Lynn Munsinger

Erizo tenía muchas ganas de
un pastel y encontró una receta.
—Éste parece ser fácil —dijo—
y también rico.
Erizo sacó la harina.

Sacó los huevos y la mantequilla.

Estaba sacando el tazón azul cuando
oyó que tocaban a la puerta.
Era Conejo.
—Hola, Conejo —dijo Erizo—, estoy
preparando un pastel.

—Yo te ayudo —dijo Conejo—,
soy bueno para hacer pasteles.
—Aquí tengo la receta —dijo Erizo.
—No necesitas la receta —dijo Conejo—.
Yo te enseñaré cómo prepararlo.

Conejo tomó la harina y
la vació en el tazón azul.
Tomó la mantequilla y también la vació en el tazón.
Después vació el azúcar.

—Ahora mezclaremos todo —dijo Conejo.

Mezclar todo era un trabajo pesado.
Conejo batió y batió.
El brazo empezó a dolerle.
La masa estaba grumosa y
el azúcar se pegaba a los lados del tazón.
Había harina por todas partes.
—Creo que alguien me llama
—dijo Conejo—.
Termina de batirla Erizo, y
volveré cuando el pastel esté listo.
Erizo movió la cabeza de un lado al otro.
La masa era un desastre.

—¿Cuál es el
problema, Erizo?
Ardilla estaba en
la puerta, mirándolo.

235

—Estoy haciendo un pastel —dijo Erizo—,
pero no se ve muy bien.

—Necesitas huevos —dijo Ardilla—. Yo se
los pondré.

Rompió varios huevos y
los vació en el tazón
con pedazos
de cascarón.

—Un poco de cascarón no
importa —dijo Ardilla—.
Mezcla todo.
Así que Erizo mezcló.
La masa estaba más grumosa,
pero era más fácil batirla.

237

Lechuza se asomó a la puerta:
—¿Horneando? —preguntó—. ¿Puedo ayudar?
Erizo ya no quería más ayuda,
pero tampoco quería herir a Lechuza.

—Puedes engrasar el molde
—dijo Erizo. Lechuza estaba feliz.
Metió su ala en la mantequilla y
engrasó el molde.

Luego fue al horno con sus
alas llenas de mantequilla. Lo
encendió a su máxima
temperatura.
—El horno debe estar listo y
bien caliente —dijo.

—Ya quedamos todos sucios
por ayudarte —dijo Ardilla—.
Ahora vamos a casa a limpiarnos.
Mete el pastel al horno y
regresaremos cuando esté listo.
Ardilla y Lechuza se fueron a casa.

ERIZO

239

Erizo miró la cocina.

Había azúcar en el piso.

Había mantequilla en la puerta del horno, y harina por todas partes.

Erizo vació la masa del pastel
en el bote de la basura.

Cerró la puerta de la
cocina con seguro y sacó
su receta.

Primero midió el azúcar. La mezcló
lentamente con la mantequilla.
Después sacó tres huevos, los
rompió y los vació en el tazón:
uno, dos, tres.
Luego añadió la harina.

241

Erizo mezcló todo y lo
vertió en el molde que engrasó
Lechuza.
Bajó la temperatura del horno y
metió la masa
a hornear.

Después limpió la
cocina.

Toc, toc, toc.

—Abre la puerta, Erizo —llamó Conejo—.
Ya olemos el pastel y nos está dando hambre.
Erizo quitó el seguro de la puerta y abrió.
La cocina estaba limpia. El pastel se estaba enfriando
en un estante y la mesa estaba puesta para tomar el té.

Los cuatro amigos se sentaron a la mesa.

Erizo partió el pastel.

Todos se comieron una rebanada.

Después se comieron otra.

—Es el mejor pastel que he hecho en mi vida —dijo Conejo—. ¿No estás contento de que te haya enseñado cómo hacerlo?

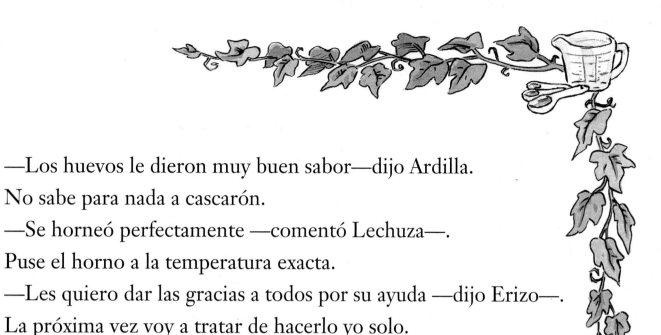

—Los huevos le dieron muy buen sabor—dijo Ardilla.
No sabe para nada a cascarón.

—Se horneó perfectamente —comentó Lechuza—.
Puse el horno a la temperatura exacta.

—Les quiero dar las gracias a todos por su ayuda —dijo Erizo—.
La próxima vez voy a tratar de hacerlo yo solo.

Reflexionar y responder

1 ¿Qué sucede cuando Erizo deja que sus amigos le ayuden a preparar el pastel?

2 ¿Cómo hubiera terminado el cuento si Erizo hubiera **horneado** la masa que Conejo, Ardilla y Lechuza le ayudaron a mezclar?

3 ¿Por qué Erizo no les dice a sus amigos que ha horneado un nuevo pastel?

4 ¿Qué es lo que más te gusta de este cuento?

5 ¿Qué estrategias usaste para ayudarte a leer este cuento? ¿Por qué?

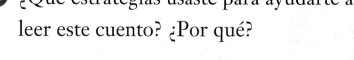

Conoce a la autora

Maryann Macdonald

    Maryann Macdonald ha convivido casi toda su vida con niños. Creció en una familia de diez hermanos y esto le ayuda a ver el mundo como lo verían los niños. De pequeña le gustaba escuchar las historias de la familia y pronto comenzó a contar sus propios cuentos. Publicó su primer cuento cuando tenía dieciséis años.

Conoce a la ilustradora

Lynn Munsinger

Lynn Munsinger ilustra revistas, libros escolares y tarjetas de felicitación. Sus trabajos preferidos son los libros infantiles. "Desde que tengo memoria, siempre he querido ser artista. Disfruto mucho mi trabajo y no puedo imaginarme haciendo algo diferente."

Visita *The Learning Site*
www.harcourtschool.com

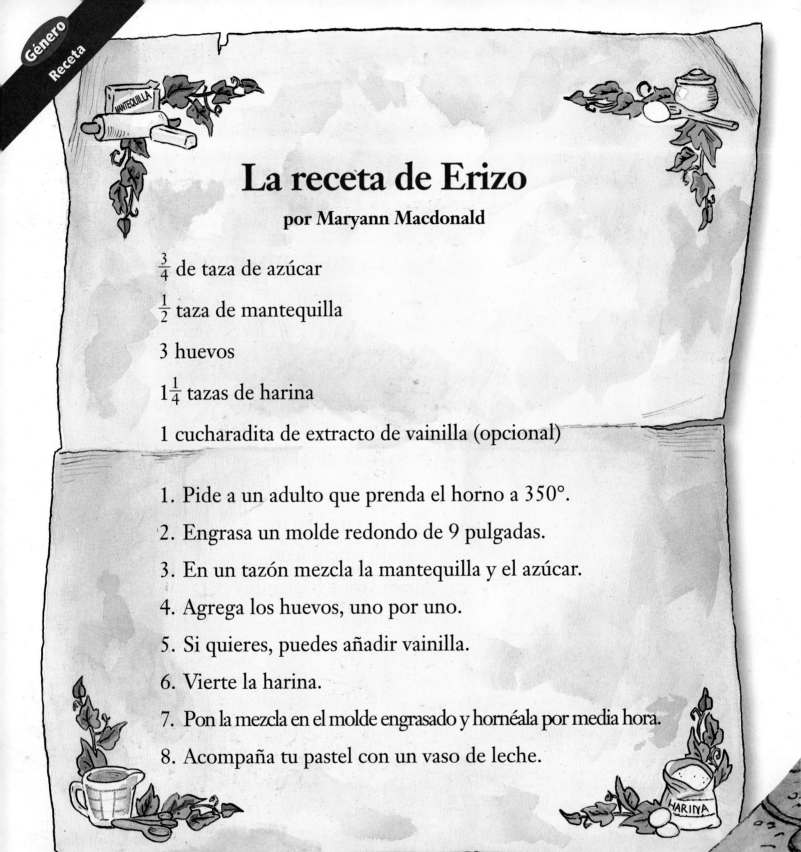

La receta de Erizo

por Maryann Macdonald

$\frac{3}{4}$ de taza de azúcar

$\frac{1}{2}$ taza de mantequilla

3 huevos

$1\frac{1}{4}$ tazas de harina

1 cucharadita de extracto de vainilla (opcional)

1. Pide a un adulto que prenda el horno a 350°.

2. Engrasa un molde redondo de 9 pulgadas.

3. En un tazón mezcla la mantequilla y el azúcar.

4. Agrega los huevos, uno por uno.

5. Si quieres, puedes añadir vainilla.

6. Vierte la harina.

7. Pon la mezcla en el molde engrasado y hornéala por media hora.

8. Acompaña tu pastel con un vaso de leche.

Hacer conexiones

Compara textos

1. ¿Por qué crees que este cuento se incluye en el tema que habla de trabajar juntos?

2. ¿En qué se diferencia Erizo del anciano en "El nabo gigante"?

3. "El pastel de Erizo" y "La receta de Erizo" tratan sobre cómo hacer pasteles. ¿Cuál de los dos sería más útil si tú quisieras hacer un pastel de verdad? ¿Por qué?

Estás invitado

11 de octubre del 2001

Querido Roberto:

Voy a hacerle una fiesta de sorpresa a Erick. Será el 4 de noviembre a las 3.00 p.m. Espero que puedas venir.

Tu amiga,

Lori

Imagínate que vas a hacer una fiesta. Escribe una invitación que diga cuándo y dónde vas a hacer la fiesta. Escribe con claridad.

CONEXIÓN con la Escritura

¿Cuánto pesa?

¿Qué pesa más: una taza de leche, agua, harina o azúcar? Usa una taza de medir y una báscula para averiguarlo. Haz una tabla que muestre los resultados.

¿Cuánto pesa una taza?	
Leche	
Agua	
Harina	
Azúcar	

Alimentos, antes y ahora

Platica con personas mayores acerca de los alimentos que comían cuando eran niños. ¿Cuáles eran sus alimentos preferidos? ¿Comían alimentos que ahora la gente ya no come? ¿Se preparan diferente algunos alimentos hoy en día de como se hacían antes? Cuénta a un compañero lo que aprendiste.

Sinónimos

Lee estas oraciones.

—Esta receta parece <u>fácil</u> —dijo Erizo.

—Esta receta parece <u>simple</u> —dijo Erizo.

¿En qué se parecen las palabras subrayadas? Las dos significan lo mismo. Las palabras que tienen el mismo o casi el mismo significado se llaman **sinónimos**.

¿Cuáles son algunos sinónimos para las siguientes palabras?

> **rápido   feliz   hablar**

Ahora lee estas oraciones.

El pastel estaba <u>sabroso</u>.

El pastel estaba <u>delicioso</u>.

Sabroso y *delicioso* son sinónimos, pero *delicioso* es una palabra más fuerte que *sabroso*. Tiene más significado. Mira los pares de sinónimos que aparecen abajo. Halla la palabra de cada par que sea más fuerte.

hermoso	**bonito**
roto	**deshecho**
diminuto	**chico**

Preparación para las pruebas

Sinónimos

Rellena el círculo junto a la palabra que muestra la respuesta correcta.

Ejemplo: **¿Qué palabra significa lo mismo que grande?**

- ○ pequeño
- ● enorme
- ○ parecido
- ○ arreglado

1. **¿Qué palabra *no* significa lo mismo que limpio?**

    - ○ pulcro
    - ○ claro
    - ◉ sucio
    - ○ aseado

Sugerencia

Fíjate en la palabra *no* en esta pregunta. Si no la ves puedes elegir mal la respuesta.

2. **¿Qué palabra es un sinónimo de diferente?**

    - ○ parecido
    - ○ similar
    - ○ igual
    - ○ distinto

Sugerencia

Recuerda que los sinónimos son palabras con el mismo o casi el mismo significado.

El poder de las palabras

anunció

llegó

miembros

reconstruir

tristes

El verano pasado hubo una competencia de castillos de arena en la playa. Yo formaba parte de un equipo con otras tres personas. Los **miembros** del equipo eran Lila, Will, Karen y yo, Julio.

Trabajamos mucho en nuestro castillo. Uno de los jueces **llegó** cerca a nosotros y observaba los castillos.

Entonces sucedió algo terrible. Una ola enorme derrumbó nuestro castillo. No queríamos abandonar la competencia. Resolvimos **reconstruir** el castillo lo más rápido posible.

El juez vio nuestras caras **tristes** mientras trabajábamos. Él sabía lo que había pasado y nos dijo que hiciéramos lo mejor posible.

Por fin terminamos nuestro castillo. Cuando el juez **anunció** los ganadores de la competencia y nombró a nuestro equipo, supimos que todo nuestro trabajo no había sido en vano.

CONEXIÓN
Vocabulario-Escritura

¿**A**lguna vez has formado parte de un equipo? Di quienes eran los **miembros** y que hizo el equipo.

Se vende

Género

Ficción realista

Una ficción realista es un cuento con personajes y sucesos que son como las personas y los sucesos de la vida real.

Busca

- un escenario que pudiera ser un lugar verdadero.

- sucesos que podrían ocurrir hoy en día.

256

limonada

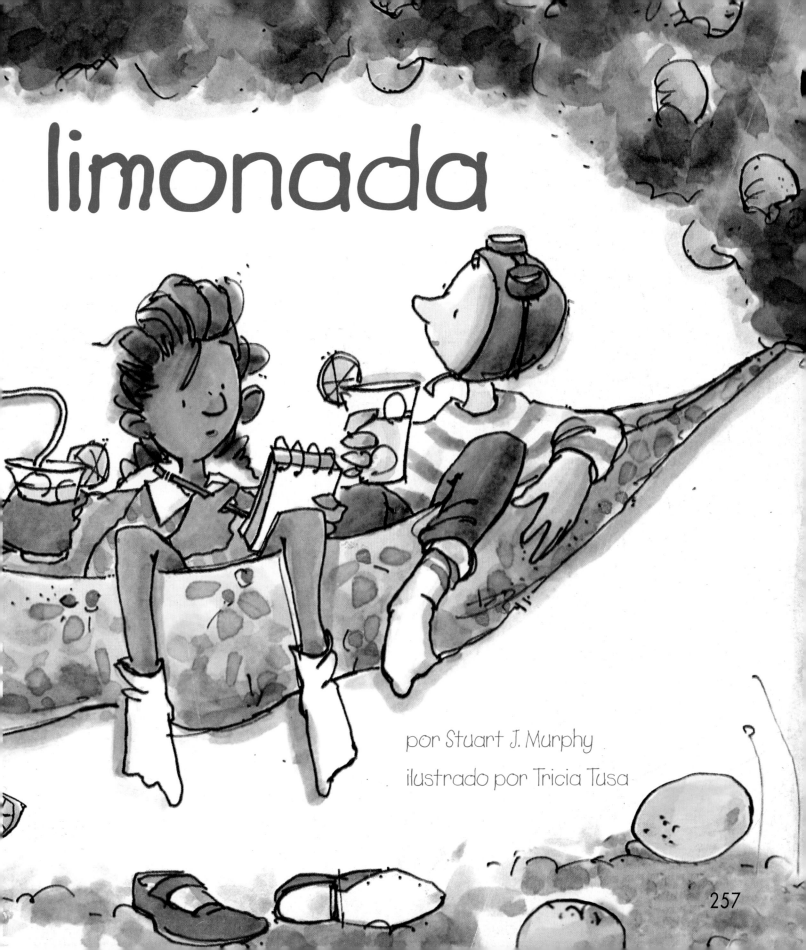

por Stuart J. Murphy

ilustrado por Tricia Tusa

Los **miembros** del Club de Niños de la calle Olmo parecen estar **tristes**.

—Nuestro club se está cayendo y la alcancía está vacía —dijo Meg.

—Ya sé cómo podemos ganar algo de dinero —dijo Matthew—. Vamos a vender limonada.

Danny dijo, —apuesto a que si vendemos de 30 a 40
vasos todos los días durante una semana, tendremos
suficiente dinero para arreglar nuestro club. Vamos a
hacer un registro de las ventas.

Sheri dijo, —voy a hacer una gráfica de barras. Al
lado escribiré el número de vasos y abajo los días de
la semana de esta manera.

El lunes, los niños abrieron su puesto de limonada en la esquina. Cada vez que alguien pasaba, Pety, el periquito de Meg, gritaba:
—¡Se vende limonada! ¡Se vende limonada!

Matthew exprimió los limones.

Meg le agregó un poco de azúcar.

Danny la revolvió, le puso hielo y la sirvió en vasos.

Sheri anotó el número de vasos de limonada que vendieron.

Luego anunció, —hoy vendimos 30 vasos de limonada. Voy a colorear la barra hasta el número 30.

—No está mal, —dijo Danny.

—No está mal, no está mal, —comentó Pety.

263

El martes, Pety volvió a gritar con fuerza:

—¡Se vende limonada! ¡Se vende limonada!

Muchas personas se acercaron a comprarla.

Matthew exprimió
más limones.

Meg le agregó más
azúcar.

Danny la revolvió, le
puso hielo y la sirvió
en más vasos.

Sheri volvió a anotar el número de vasos de limonada que vendieron.

Sheri gritó, —hoy vendimos 40 vasos de limonada. Voy a colorear la barra hasta el número 40. Las barras muestran que las ventas aumentaron.

—Todo va muy bien —dijo Meg.

—Todo va muy, muy bien —repitió Pety.

265

El miércoles, Pety gritó tantas veces: —¡Se vende limonada! que casi todas las personas del vecindario se acercaron a comprarla.

Matthew exprimió aún mas limones.

Meg agregó más azúcar.

Danny la revolvió, le puso hielo y la sirvió en más vasos.

Sheri anotó los vasos que habían vendido.

Sheri gritó emocionada: —Hoy vendimos 56 vasos. Voy a colorear la barra entre el 50 y el 60.

—¡Fantástico! —gritó Matthew.
—¡Fantástico! ¡Fantástico!
—gritó Pety.

Los muchachos abrieron de nuevo su puesto de
limonada el jueves, pero esta vez las cosas no
marcharon bien. Aunque Pety gritaba con fuerza:

—¡Se vende limonada! —casi nadie se detuvo a comprar.

Matthew sólo
exprimió algunos
limones.

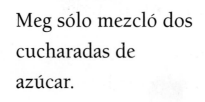

Meg sólo mezcló dos
cucharadas de
azúcar.

El hielo que agregó
Danny pronto se
derritió.

Sheri anotó los pocos vasos de limonada
que habían vendido.

Sheri dijo: —Hoy sólo vendimos 24 vasos.
La barra del jueves es la más corta de todas.

—Se nos acabó nuestro club —dijo Danny
con tristeza. Pety ni siquiera dijo nada.

—Creo que ya sé qué sucede —dijo Matthew.

—¡Miren! —les dijo, y señaló hacia la calle.

—¡Hay un malabarista en esa esquina y todos se han ido a verlo!

—¡Vamos a verlo! —dijo Meg.

—¿Quién eres? —Le preguntó Danny al malabarista.

—Me llamo Jaime —dijo el niño—. Me acabo de mudar al vecindario.

A Sheri se le ocurrió una idea. Entonces se acercó a Jaime y le dijo algo en voz baja.

El viernes, Sheri llegó acompañada de Jaime.

—Jaime va a hacer su acto junto a nuestro
puesto —dijo Sheri.

Ese día, Pety gritó con más fuerza, Jaime hizo
su acto de malabarista y se acercaron más
personas que nunca.

Matthew exprimió
miles de limones.

Meg le agregó
toneladas de azúcar.

Danny la revolvió
bien, le puso muchísimo
hielo y casi se le acabaron
los vasos.

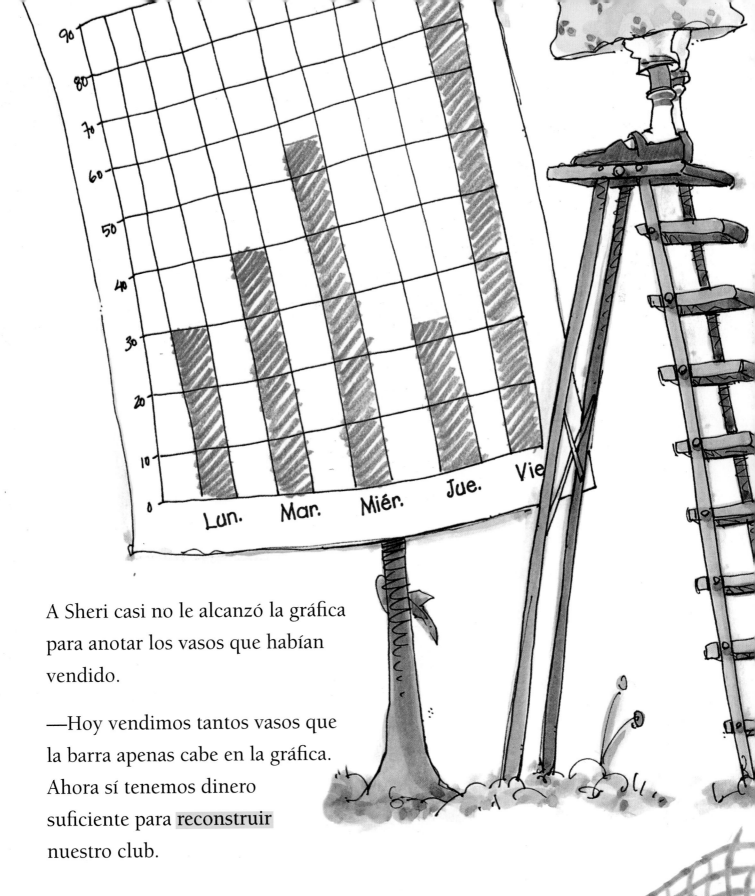

A Sheri casi no le alcanzó la gráfica para anotar los vasos que habían vendido.

—Hoy vendimos tantos vasos que la barra apenas cabe en la gráfica. Ahora sí tenemos dinero suficiente para reconstruir nuestro club.

273

—¡Bravo! —gritaron todos—. ¡Viva Jaime! ¡Viva Jaime!

¿Quieres unirte a nuestro club?

—¡Claro que sí! —dijo Jaime.

—¡Claro que sí! ¡Claro que sí! —repitió Pety.

Reflexionar y responder

1 ¿Por qué los niños trabajaron en equipo para **reconstruir** su club?

2 Vuelve a leer la página 271. ¿Cómo podrías cambiar el final de este cuento pero que todavía sea un final feliz?

3 ¿Por qué crees que el autor incluyó gráficas de barras en la historia?

4 ¿Si fueras un miembro de un club, qué podrías hacer para ganar dinero?

5 ¿Qué estrategias usaste para leer este cuento?

Conoce al autor y a la ilustradora

Stuart J. Murphy

A Stuart Murphy no le gustaban las matemáticas en la escuela. Pero eso ha cambiado. Ahora le encanta escribir historias sobre temas de matemáticas. Él escribe historias que divierten a los niños mientras aprenden matemáticas.

Stuart Murphy vive en Illinois con su esposa. Le encanta planear sus vacaciones, ¡y luego disfrutarlas!

Tricia Tusa

Tricia Tusa es escritora e ilustradora de libros infantiles desde 1984. Ella también usa el arte como terapia para ayudar a los niños tristes o lastimados a sentirse mejor. En sus libros le gusta mostrar que "no siempre es malo ser diferente". Tricia vive en Houston, Texas.

Visita _The Learning Site_
www.harcourtschool.com

275

Limonada

Los limones son amarillos.

Los puedes cortar en rebanadas

Y exprimirlos con cuidado

Para hacer limonada.

por Pyke Johnson, Jr.

Hacer conexiones

Compara textos

1. ¿Por qué "Se vende limonada" forma parte del tema Damos una mano?

2. Los personajes de "Se vende limonada" y de "El pastel de Erizo" trabajan juntos, pero en cada historia este trabajo se realiza de forma diferente. Explica cómo.

3. Di cómo la forma en que está escrita la historia "Se vende limonada" es diferente a la forma en que está escrito el poema "Limonada".

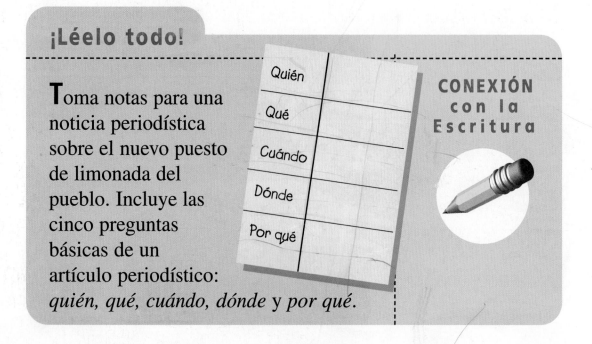

¡Léelo todo!

Toma notas para una noticia periodística sobre el nuevo puesto de limonada del pueblo. Incluye las cinco preguntas básicas de un artículo periodístico: *quién, qué, cuándo, dónde* y *por qué*.

Quién

Qué

Cuándo

Dónde

Por qué

CONEXIÓN con la Escritura

Gráfica de bebidas

¿Qué les gusta beber a tus compañeros? Pregúntale a cada uno de ellos qué le gusta beber más: leche, agua o limonada. Después haz una gráfica de barras para ver los resultados.

estudiantes	leche	agua	limonada
12			
11			
10			
9			
8			
7			
6			
5			
4			
3			
2			
1			

¿Qué vendes?

Si pudieras hacer algo para vender, ¿qué sería? Haz un anuncio. Escribe oraciones que le digan a las personas por qué deben comprar tu producto. Lee el anuncio a tus compañeros.

¡Las deliciosas galletas de Dana!

¡Las galletas de chispas de chocolate de Dana son deliciosas! ¡Hacen que se te haga agua la boca antes de probarlas!

¡Más de diez chispas de chocolate en cada galleta!

279

Palabras con gl, gr

Lee estas oraciones de "Se vende limonada".

Voy a hacer una <u>gráfica</u> de barras.
Pety, el periquito de Meg, <u>gritaba</u>.
Tendremos suficiente dinero para <u>arreglar</u> nuestro club.

Vuelve a leer las palabras subrayadas *gráfica*, *gritaba*, y *arreglar*. Estas palabras tienen dos consonantes juntas (*gl* o *gr*) que no deben separarse.

gr	gl
gráfica	arreglar
gritaba	

Ahora observa estas palabras más largas. Usa lo que sabes de las partes de palabras para leerlas.

glamorosa	grumosa	agradable
gracioso	gladiador	glosario

Sugerencias para leer una palabra larga.
- Divide las palabras en partes conocidas.
- Lee cada parte. Luego combina las partes para formar nuevas palabras.

Preparación para las pruebas

Palabras con *gl*, *gr*

Escoge la palabra que tenga el par de consonantes subrayadas en la primera palabra.

Ejemplo: **g<u>l</u>obo**
- ○ gas
- ● glorieta
- ○ goma

1. **g<u>r</u>ito**
   - ○ grava
   - ○ gallo
   - ○ gato

Sugerencia

Separa las sílabas de cada palabra pronunciándolas en voz alta.

2. **ing<u>l</u>és**
   - ○ garza
   - ○ glotón
   - ○ gamo

Sugerencia

Lee todas las opciones antes de decidirte por una.

3. **g<u>r</u>anada**
   - ○ girasol
   - ○ geranio
   - ○ grano

Nuestro mundo

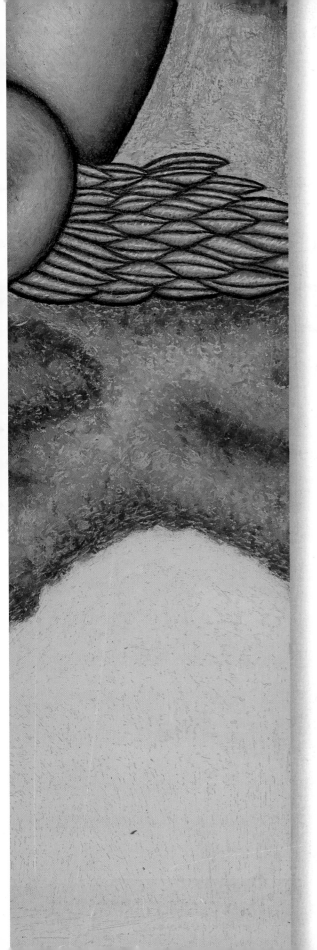

Contenido

El poder de las palabras

cacerola

domar

frontera

hortalizas

salvaje

sobrevivir

¡**H**ola! Ésta es la **frontera**. Es un lugar donde vive muy poca gente. Tenemos que trabajar largas horas para **sobrevivir** aquí. Lo más importante es tener leña para el fuego donde cocinamos en una **cacerola**. Esta cerca ayuda a que un animal **salvaje**, como un venado, no se coma los vegetales de la huerta.

284

¡Nuestra cabaña está en el sitio perfecto! Hay un riachuelo cerca de donde puedo sacar agua para regar las **hortalizas**. Esos árboles tienen cientos de manzanas que puedo recoger para comer.

—Mamá, si podemos **domar** a los venados, ¿nos podemos quedar con ellos?

CONEXIÓN
Vocabulario-Escritura

¿**P**or qué crees que es difícil para esta gente **sobrevivir** en la frontera del oeste? Escribe dos o tres oraciones que expliquen tus ideas.

285

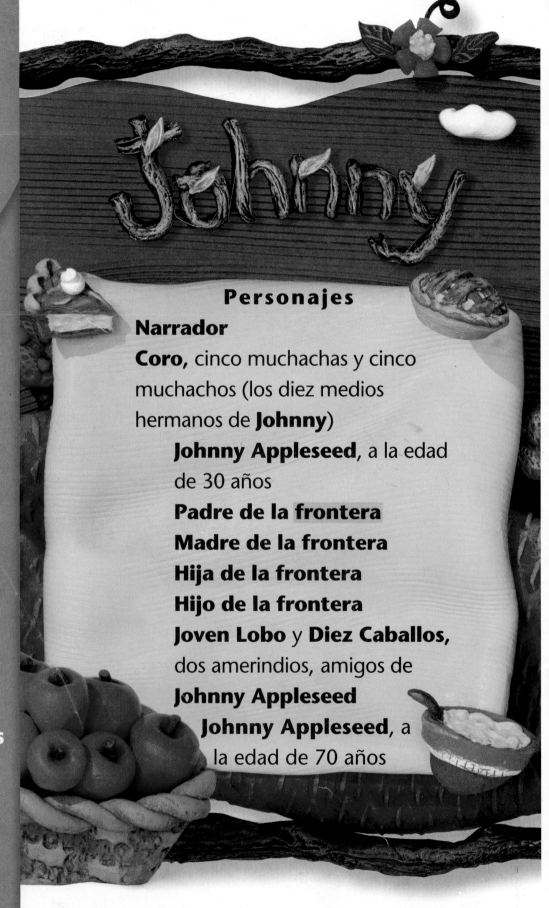

Personajes

Narrador

Coro, cinco muchachas y cinco muchachos (los diez medios hermanos de **Johnny**)

Johnny Appleseed, a la edad de 30 años

Padre de la frontera

Madre de la frontera

Hija de la frontera

Hijo de la frontera

Joven Lobo y **Diez Caballos,** dos amerindios, amigos de **Johnny Appleseed**

Johnny Appleseed, a la edad de 70 años

Appleseed

Una leyenda estadounidense, adaptada por Pleasant deSpain e ilustrada por Victoria Raymond

Primer acto

Época: *Hace mucho tiempo.*

Escenario: *El bosque. El **Narrador** se sienta en un tronco hueco. **Johnny**, de 30 años de edad, se acerca descalzo con una cacerola de estofado en la cabeza, comiéndose una manzana. El **Coro** se encuentra cerca.*

Narrador: Ésta es la historia de John Chapman, un héroe estadounidense de verdad. Tal vez lo conozcas mejor como Johnny Appleseed. Johnny nació en Massachusetts hace mucho tiempo. Tenía cinco medios hermanos y cinco medias hermanas.

Coro: *(saludan)* ¡Ésos somos nosotros!

Narrador: Cuando Johnny era apenas un muchacho, muchos de sus vecinos habían empezado a emigrar al oeste. Se habían convertido en los primeros pobladores de la salvaje frontera del oeste. Johnny decidió que al crecer, él también se iría a vivir al oeste. Johnny plantaría semillas de manzana por todas partes. Así, las personas siempre tendrían manzanas para comer en su nuevo hogar.

Narrador: Johnny se fue de su casa cuando cumplió 23 años.

Coro: ¿Qué llevaba consigo?

Narrador: Una cacerola para cocinar y un saco de semillas de manzana. Johnny caminó y caminó, y plantó y plantó.

Coro: Caminó y caminó, y plantó y plantó.

Narrador: ¡Sus pies nunca descansaban!

Coro: ¡Sus pies nunca descansaban!

Narrador: Ahora Johnny tiene 30 años. No le gusta usar zapatos y no duerme bajo techo. Le gustan los animales tanto como las personas. Ha caminado hacia el oeste y ha plantando hortalizas de manzanos durante siete años.

Coro: Jugo de manzana y puré de manzana. Salsa de manzana y pastel de manzana. ¡Qué bueno, qué dulce pastel de manzana! ¡Mmmmmm!

*(La **Familia de la frontera** entra en la escena.)*

Johnny: ¡Hola, amigos! Vengan conmigo y descansen un poco.

Hija de la frontera: Papá, ese hombre tiene una cacerola en la cabeza.

Hijo de la frontera: ¡Se ve muy extraño, Mamá!

Johnny: No se asusten. Mis amigos me llaman Johnny Appleseed.

Padre de la frontera: *(sorprendido)* Oímos de ti en Pennsylvania y ahora te encontramos en Ohio.

Johnny: Estos pies nunca descansan. Tengo que seguir hacia el oeste.

Madre de la frontera: Entonces tú plantaste los manzanos que vimos por el camino.

Padre de la frontera: Es un trabajo muy duro. ¿Quién te paga por hacerlo?

Johnny: *(se ríe)* La naturaleza. Planto las semillas antes de que las personas emigren al oeste para que las manzanas hayan crecido cuando ellas lleguen. Las manzanas son un regalo de la naturaleza. Yo sólo las paso de aquí para allá.

Hija de la frontera: Papá dice que vamos a construir una cabaña para quedarnos aquí.

Hijo de la frontera: ¿Dónde está tu cabaña, Johnny?

Johnny: *(se ríe)* A tu alrededor. La tierra es mi casa y el cielo mi techo. El sol y la lluvia son mis amigos. Esta cacerola me mantiene seco y a dondequiera que voy, tengo lo que necesito.

Madre de la frontera: ¿No sientes frío?

Hija de la frontera: ¿No sientes miedo?

Hijo de la frontera: ¿No te sientes solo?

Johnny: Sí, sí y sí. Eso es parte de vivir así, pero hago amigos dondequiera que voy. Mis amigos los indios me enseñaron a sobrevivir al aire libre.

*(**Joven Lobo** y **Diez Caballos** entran en la escena.)*

Johnny: Hola, Joven Lobo y Diez Caballos.

Joven Lobo: Hola, Plantador de Árboles. ¿Quiénes son estos extraños?

Johnny: Conozcan a mis amigos. Llegaron en su carreta desde Nueva Inglaterra. Quieren construir una cabaña aquí. Son buenos amigos y serán buenos vecinos.

Padre de la frontera: Johnny tiene razón. Prometemos ser buenos vecinos.

Joven Lobo: El Plantador de Árboles siempre dice la verdad. ¡Bienvenidos, amigos!

*(La **Familia de la frontera** celebra.)*

Diez Caballos: Ten cuidado con la gran osa, Plantador de Árboles.

*(**Joven Lobo** y **Diez Caballos** se van.)*

Hijos de la frontera: *(atemorizados)* ¿La gran osa?

Johnny: Sí, he oído sus gruñidos una o dos veces, pero los osos son mis amigos.

Padre de la frontera: Debemos regresar a la carreta. Gracias por todo, Johnny Appleseed.

*(La **Familia de la frontera** se aleja entre los árboles.)*

Johnny: *(se estira y bosteza)* Estoy muy cansado. Dormiré en este tronco hueco esta noche y terminaré de plantar mis semillas mañana.

*(**Johnny** se mete al tronco a gatas.)*

Narrador: *(gruñe como un oso)* ¡Grrrrrr!

Johnny: *(sobresaltado)* ¡Lo siento, señora osa! No sabía que ésta era su cama. Dormiré debajo de aquél árbol. Le deseo dulces sueños, ¿me oyó?

Narrador: *(gruñe con familiaridad)* ¡Mmmmm!

*(**Johnny** se sienta debajo del árbol y se queda dormido.)*

Segundo acto

Época: *Muchos años después.*

Escenario: *El **Narrador** y el **Coro** están en una hortaliza de manzanos.*

Narrador: Johnny Appleseed ya tiene 70 años. Ha recorrido un largo camino y aún no ha terminado.

Coro: Jugo de manzana y puré de manzana. Salsa de manzana y pastel de manzana. ¡Qué bueno, qué dulce pastel de manzana! ¡Mmmmmm!

(**Johnny** *con una larga barba blanca y una cacerola en la cabeza camina hacia el árbol. Lleva al hombro un saco de semillas y una brillante manzana roja en la mano.*)

Muchachas del coro: ¿Qué distancia has recorrido, Johnny?

Johnny: Tal vez miles de millas.

Muchachos del coro: ¿Cuánto tiempo has caminado?

Johnny: Casi cincuenta años.

Muchachos del coro: ¿Cuántos árboles has plantado?

Johnny: Ya he perdido la cuenta.

Muchachas del coro: ¿Quién se come todas las manzanas?

Johnny: Las buenas personas que se mudan al oeste en busca de una mejor vida.

Coro: ¿No se han cansado tus pies?

Johnny: *(se ríe)* Mis pies nunca se cansarán. Tengo que seguir, es lo que siempre digo. Este gran país necesita muchas manzanas. Ellas nos ayudan a crecer fuertes y sanos.

*(**Johnny** da una mordida a su manzana y se aleja caminando.)*

Coro: Adiós, Johnny Appleseed.

Johnny: Deseo que siempre haya manzanas para ustedes.

Muchachas del coro: Gracias, Johnny Appleseed.

Muchachos del coro: Ten cuidado con los osos.

(*Johnny* les dice adiós con la mano y camina hasta perderse de vista.)

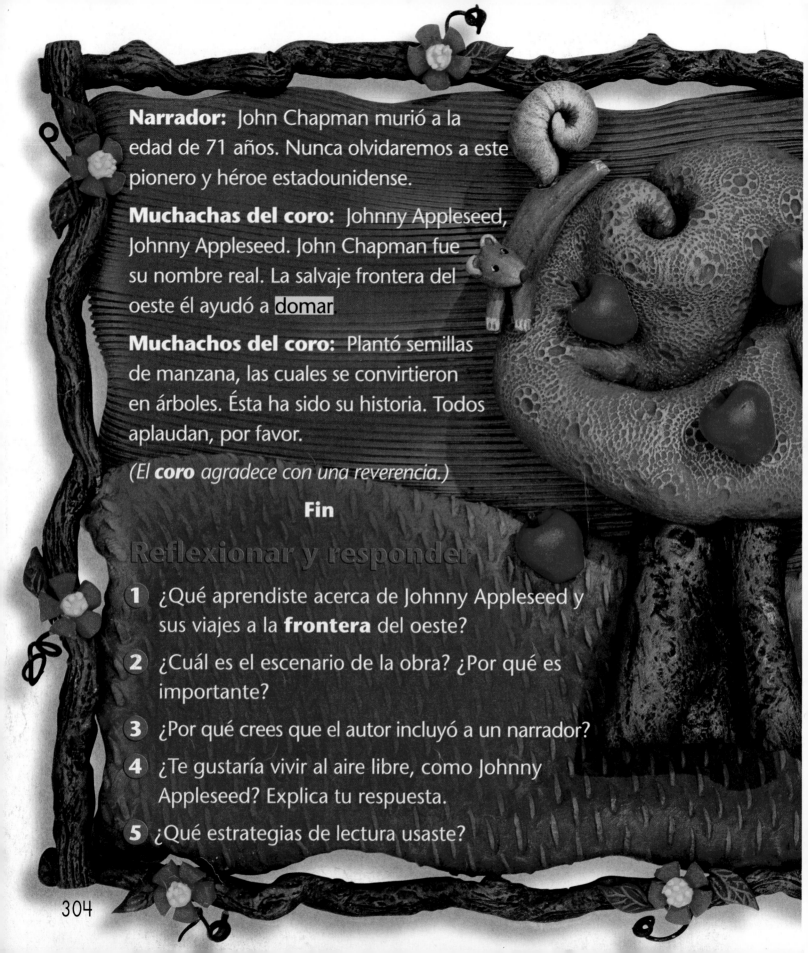

Narrador: John Chapman murió a la edad de 71 años. Nunca olvidaremos a este pionero y héroe estadounidense.

Muchachas del coro: Johnny Appleseed, Johnny Appleseed. John Chapman fue su nombre real. La salvaje frontera del oeste él ayudó a domar.

Muchachos del coro: Plantó semillas de manzana, las cuales se convirtieron en árboles. Ésta ha sido su historia. Todos aplaudan, por favor.

(*El **coro** agradece con una reverencia.*)

Fin

Reflexionar y responder

1. ¿Qué aprendiste acerca de Johnny Appleseed y sus viajes a la **frontera** del oeste?

2. ¿Cuál es el escenario de la obra? ¿Por qué es importante?

3. ¿Por qué crees que el autor incluyó a un narrador?

4. ¿Te gustaría vivir al aire libre, como Johnny Appleseed? Explica tu respuesta.

5. ¿Qué estrategias de lectura usaste?

CONOCE AL AUTOR
Pleasant deSpain

Pleasant deSpain escribió su primera historia a los ocho años de edad y no ha dejado de escribir historias desde entonces. Cuando Pleasant deSpain visita escuelas, le gusta representar sus historias ante los estudiantes. Por eso escribió Johnny Appleseed como una obra de teatro.

CONOCE A LA ILUSTRADORA
Victoria Raymond

Victoria Raymond usa plastilina para hacer ilustraciones. Ella gira, aplasta, enrolla y amasa la plastilina para darle la forma que desea. Luego usa un pedazo de corteza o pequeñas ramas para grabar marcas en las figuras de plastilina. Como Johnny Appleseed, ella y su familia se han mudado al oeste.

Visita *The Learning Site*
www.harcourtschool.com

305

La semilla

¿Cómo puede saber
esta pequeña semilla
que habrá de crecer
cual hierba o florecilla?

O que el tiempo la transforme
en un brote o una vid,
o en un árbol enorme
de profunda raíz.

Oh, semilla tan pequeña,
bien podemos suponer
que eres la sabia dueña
de cuanto se pueda saber.

por Aileen Fisher
ilustrado por Simon James

306

Hacer conexiones

Compara textos

1. Este tema se llama Nuestro mundo. Basándote en "Johnny Appleseed", ¿de qué crees que tratará este tema?

2. ¿Cómo cambió Johnny Appleseed en la segunda escena? ¿Cómo se mantuvo igual?

3. ¿Crees que una obra de teatro es la mejor forma de contar la historia de Johnny Appleseed? ¿Por qué? ¿Qué otras formas hay para escribir una historia verídica?

Escribe sobre una persona

Mi hermano es un héroe. Me enseña juegos nuevos.

Johnny Appleseed fue un héroe estadounidense porque ayudó a los pioneros. Piensa en alguien que sea un héroe para ti. Haz un dibujo de esa persona. Escribe oraciones que digan por qué esa persona es un héroe.

CONEXIÓN con la Escritura

Elabora una tabla

La manzana es una de las frutas más populares del mundo. Busca datos sobre las manzanas. Después haz una tabla para comparar tus datos con otros. Busca las respuestas a estas preguntas:

- ¿Cuántos tipos de manzanas existen?
- ¿De qué colores son las manzanas?
- ¿Dónde se cultivan las manzanas?

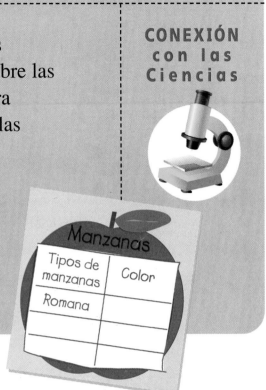

Manzanas

Tipos de manzanas	Color
Romana	

Tarjetas de datos

Johnny Appleseed nació en 1774. Haz tres tarjetas de datos que hablen de lo que estaba sucediendo en Estados Unidos cuando Johnny Appleseed era joven. Usa tu libro de estudios sociales y otros libros para buscar información. Haz dibujos de acuerdo con la información. Después comparte tus tarjetas.

EEUU

Estados Unidos comenzó como trece colonias.

Palabras con ca, que, qui, co, cu

Destreza de fonética

Para obtener el sonido de la *k* como el de la palabra carro, tienes que escribir *c* antes de *a, o,* y *u,* y *qu* antes de *e* e *i*.

Lee los siguientes fragmentos de "Johnny Appleseed" e identifica qué palabras tienen los sonidos *ca, que, qui, co,* y *cu*. Escríbelas en la tabla.

El Narrador se sienta en un tronco hueco. Johnny Appleseed se acerca descalzo con una cacerola de estofado en la cabeza.

Esta cacerola me mantiene seco y a dondequiera que voy, tengo lo que necesito.

Papá dice que vamos a construir una cabaña para quedarnos aquí.

ca	que	qui	co	cu

Usa las sugerencias para leer palabras largas.
- Busca partes de las palabras que conozcas.
- Lee cada parte. Luego combina las partes y di la palabra.

Preparación para las pruebas

Palabras con *ca*, *que*, *qui*, *co*, *cu*

Encuentra la palabra que tenga el mismo sonido que las letras subrayadas de la primera palabra.

Ejemplo: **hue<u>ca</u>**

- ○ queso
- ● hamaca
- ○ cubiertos

1.   <u>qu</u>erida

- ○ cuchara
- ○ quinientos
- ○ queso

2.   hue<u>co</u>

- ○ carrera
- ○ circo
- ○ hacer

Sugerencia

Lee todas las palabras. Escucha atentamente al sonido de la primera palabra.

El poder de las palabras

arroyos
hermoso
madura
nutrientes
protege

Las frutas crecen por todo el mundo. ¿Cuántas clases de frutas puedes nombrar?

Los árboles de fruta crecen mejor cerca de **arroyos** o ríos pequeños. Todas las plantas necesitan agua para crecer.

Frutas como naranjas y plátanos están llenas de **nutrientes**. Siempre son una merienda muy saludable.

La fruta sabe mejor cuando está **madura**. ¿Cuál plátano se ve que está listo para comer?

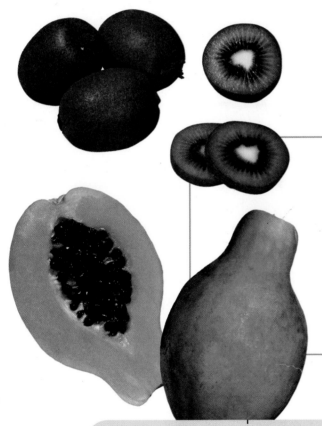

La mayoría de las frutas tienen un color **hermoso**. La cáscara **protege** las semillas y la parte de adentro de la fruta.

CONEXIÓN
Vocabulario-Escritura

Escribe acerca de tu fruta favorita. Describe cómo se ve, se siente al tacto, huele y sabe después de que se **madura.**

313

De semilla a planta

por Gail Gibbons

girasol

roble

Casi todas las plantas producen semillas.
En la semilla está el brote de una planta.
Las semillas tienen diferentes formas,
tamaños y colores.

Todas las semillas crecen hasta formar una
planta igual a la planta de la que nacieron.

manzano

diente de león

cinnia

aster

Muchas plantas producen flores. En las
flores es donde comienzan las semillas.

pétalo

La parte pegajosa de la parte superior del pistilo es el **estigma.**

En los estambres se forma un polvo amarillo llamado **polen.**

En el centro de la flor está el **pistilo.**

Las partes que rodean al pistilo son los **estambres.**

En la parte inferior del pistilo hay unos pequeños sacos llamados **óvulos.**

cépalo

tallo

Una flor tiene muchas partes.

Antes de que una semilla empiece a crecer, un grano de polen del estambre debe caer en el estigma, el cual se encuentra en la parte superior de los pistilos de las flores. Esto se llama polinización.

La polinización ocurre de diferentes maneras.
Con frecuencia, el viento sopla y lleva el polen
de una flor a otra.

Las abejas, otros insectos y los colibríes también ayudan a polinizar. Cuando visitan a las flores para obtener su dulce jugo llamado néctar, el polen se adhiere a sus cuerpos.

Luego llevan el polen a otra flor y éste cae en el pistilo.

polen

pistilo

polen

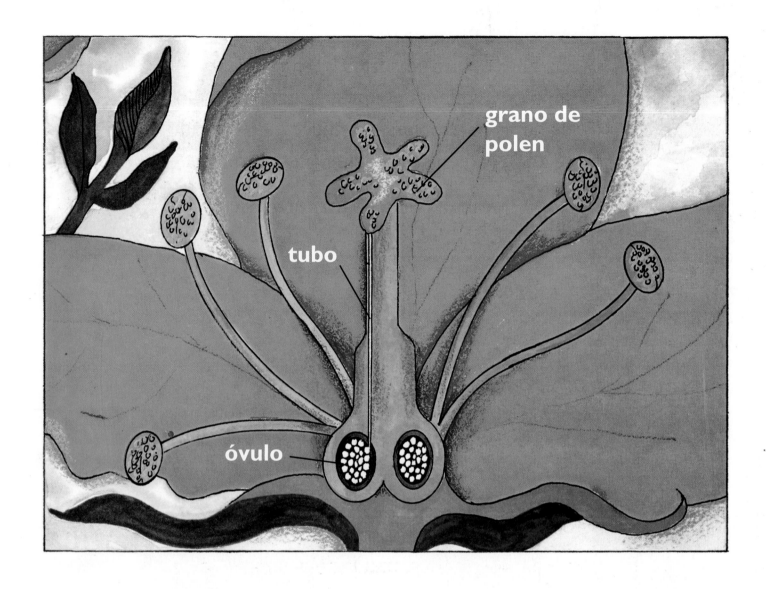

Si un grano de polen de una flor cae en el pistilo de otra flor igual, crece en ella un tubo largo desde el pistilo hasta el óvulo. Éste es el principio de una semilla.

fruta

vaina

La semilla crece dentro de la flor, aunque la flor empieza a morirse. Cuando las semillas se hacen más grandes, una fruta o vaina crece a su alrededor. Esta fruta o vaina protege las semillas.

Cuando la fruta o la vaina madura, ésta se abre. Las semillas están listas para convertirse en nuevas plantas.

Algunas semillas caen al suelo cerca de la planta, donde luego crecerán.

Algunas vainas o frutas se abren y sus semillas se caen. A veces cuando los pájaros se comen las frutas, ellos dejan caer las semillas.

Algunas semillas caen en los arroyos, lagos, ríos y hasta en el océano. Una vez ahí, las semillas viajan en el agua hasta llegar a tierra.

El viento dispersa las semillas. Algunas de ellas tienen como una pelusa que les permite flotar hasta el suelo, como si fueran pequeños paracaídas. Otras tienen como alas que giran mientras caen.

Los animales también ayudan a dispersar las semillas. Algunos entierran bellotas y nueces. Algunas semillas tienen ganchos que se engarzan en el pelaje de los animales o en la ropa de las personas. Luego caen al suelo.

Un jardín con flores o una hortaliza de vegetales es hermoso. Se siembran semillas para que crezcan en los jardines.

Las semillas para sembrar vienen en pequeños sobres o cajas. Las instrucciones explican cómo sembrar las semillas y cuidar las plantas.

En el interior de cada semilla crece el brote de la planta. Ahí también se almacena su alimento. La semilla tiene una cubierta exterior que la protege.

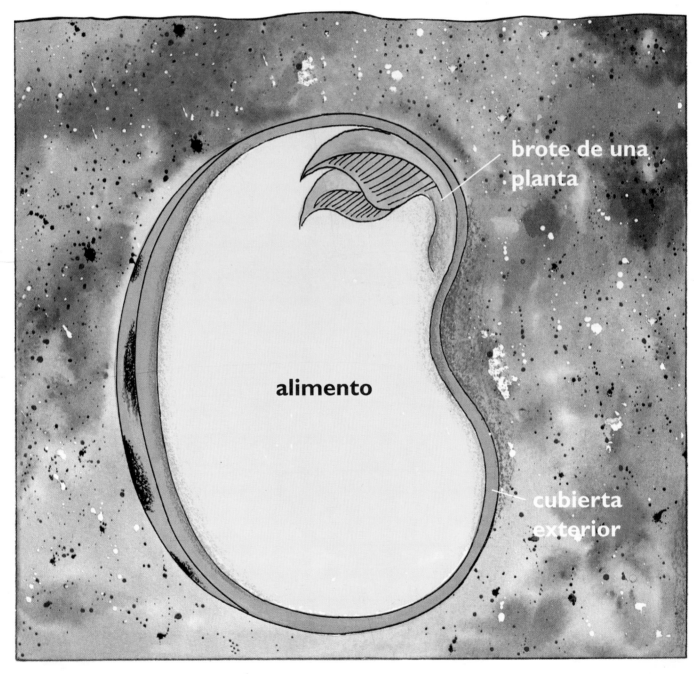

brote de una planta

alimento

cubierta exterior

Una semilla no puede germinar si no suceden ciertas cosas. Primero debe sembrarse en la tierra. Luego necesita lluvia para humedecer y suavizar su cubierta.

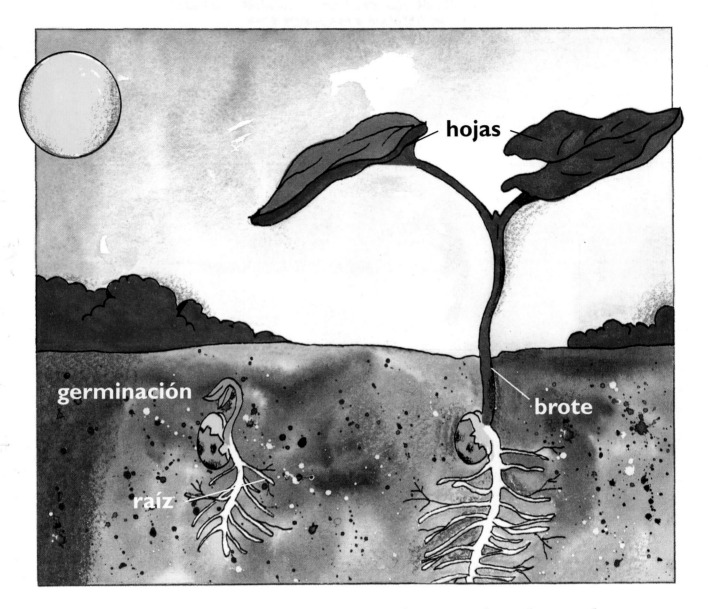

Cuando el sol brilla y calienta la tierra, la cubierta de la semilla se abre y empieza a crecer. Esto se llama germinación. La raíz crece entre la tierra para absorber el agua y los minerales con que se alimenta.

El brote sale de la tierra. En su parte superior crecen las hojas que buscan la luz del sol.

La planta crece más y más grande. Para que las hojas produzcan el alimento que necesita la planta, deben tener agua, minerales del suelo, luz del sol y aire.

botón

Por último, la planta se desarrolla. Los
botones de la planta se abren y salen las
flores donde crecerán nuevas semillas.

Muchos de los alimentos que comemos son semillas, frutas y vainas. ¡Estos alimentos contienen muchos nutrientes, vitaminas y minerales, y también son muy sabrosos!

Reflexionar y responder

1 ¿Cómo se convierte una semilla en una planta?

2 ¿Por qué crees que la autora usó dibujos para informar sobre las partes de una flor?

3 ¿Por qué a la gente le gusta comerse las frutas cuando se **maduran**?

4 ¿Qué aprendiste de esta historia que no sabías antes?

5 ¿Cuáles estrategias te ayudaron a leer este cuento?

Conoce a la Autora e Ilustradora Gail Gibbons

¿Qué necesita Gail Gibbons para escribir sus libros?

Primero, necesita ideas. A ella le encanta escribir e ilustrar libros de no ficción. Gail dice: "Aprendo mucho del mundo a mi alrededor".

Después, Gail Gibbons necesita tiempo. Le toma casi dos meses dibujar todas las ilustraciones de un libro.

¿Qué más necesita Gail Gibbons? ¡Muchas hojas de papel y pinturas!

Visita *The Learning Site*
http://www.hbschool.com

Género
Artículo con
instrucciones

CÓMO GERMINAR PLANTAS DE FRIJOLES

1. Busca un frasco limpio. Enrolla un pedazo de cartulina negra.

2. Pon el rollo de cartulina en el frasco. Llena el frasco con agua.

FRIJOLES

3. Coloca algunos frijoles entre la cartulina y el frasco. Pon el frasco en un lugar cálido.

OBSERVA TUS SEMILLAS MIENTRAS GERMINAN

4. Después de algunos días, las semillas empezarán a germinar. Observa cómo crecen las raíces hacia abajo. Los brotes crecerán hacia arriba.

semilla a planta"

CUIDADOS DE TUS PLANTAS DE FRIJOL

5. Llena una maceta con tierra.

6. Con mucho cuidado, retira las plantas del frasco. Colócalas en la maceta. Cubre con tierra las raíces hasta la base de los brotes.

7. Riega los brotes… ¡y míralos crecer!

Reflexionar y responder

¿Por qué es útil aprender cómo crecen las plantas?

Hacer conexiones

Compara textos

1 ¿Cuál es la diferencia entre "De semilla a planta" y "Johnny Appleseed"? ¿Por qué ambas selecciones se incluyeron en el tema Nuestro mundo?

2 ¿Crees que sería mejor presentar la información de "De semilla a planta" como una historia? Explica tu respuesta.

3 ¿En qué se diferencia el tipo de escritura usado en "De semilla a planta" del que se usó en "Johnny Appleseed"?

Escribe una adivinanza

Inventa una adivinanza acerca de una planta. Incluye claves que describan sus partes y su apariencia. Termina con la frase: "¿Quién soy?" Invita a tus compañeros a adivinar de qué se trata.

CONEXIÓN con la Escritura

Soy una raíz y me puedes comer.

Soy larga y anaranjada.

¿Quién soy?

Haz un mapa

lechuga

pepino

maíz

tulipanes

Las personas siembran hortalizas en muchas partes del mundo. Haz un mapa de la hortaliza que te gustaría sembrar. Incluye rótulos con el nombre de cada flor, fruta o vegetal que haya en ella. Muestra tu mapa a tus compañeros.

**CONEXIÓN
con los Estudios
sociales**

Diseña un paquete de semillas

Elige un tipo de semillas. Diseña un paquete. Dibuja el tipo de vegetal en la parte frontal. Al reverso, escribe las instrucciones para sembrar las semillas.

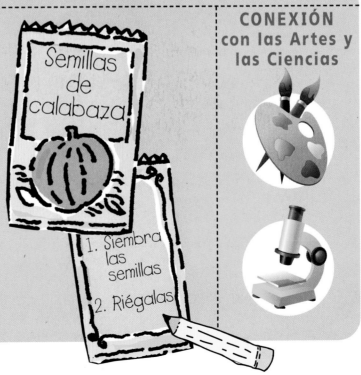

Semillas
de
calabaza

1. Siembra las semillas
2. Riégalas

**CONEXIÓN
con las Artes y
las Ciencias**

335

Leer diagramas

En la historia "De semilla a planta" muchas ilustraciones tienen rótulos. Las ilustraciones con rótulos se llaman **diagramas**. Los diagramas muestran las partes de algo. Puedes obtener información de un diagrama.

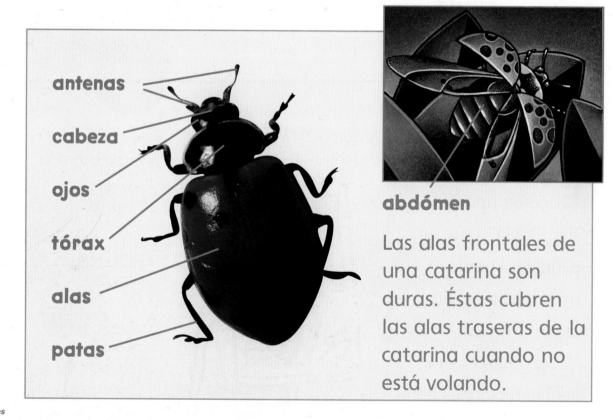

antenas

cabeza

ojos

tórax

alas

patas

abdómen

Las alas frontales de una catarina son duras. Éstas cubren las alas traseras de la catarina cuando no está volando.

¿Qué información te ofrece este diagrama?

Preparación para las pruebas

Leer diagramas

Lee el párrafo y fíjate en el diagrama. Luego contesta las preguntas.

Catarinas

Las catarinas son insectos que protegen a las plantas de otros insectos. Las catarinas ayudan a las plantas comiéndose pequeños insectos que las perjudican.

catarina

pulgones

1. **¿Qué te dice el diagrama?**
   ○ el nombre del insecto que la catarina se está comiendo
   ○ el nombre de la planta
   ○ cómo vuela la catarina

Sugerencia
Piensa en la información que te dan los letreros y luego elige tu respuesta.

2. **Usa el diagrama para ayudarte. ¿Cuál de estas oraciones queda mejor al final del párrafo?**
   ○ Las mariposas también son insectos.
   ○ Las catarinas tienen dos grandes ojos.
   ○ Estos pequeños insectos se llaman pulgones.

Sugerencia
Elige la oración que te da detalles sobre la idea principal.

El poder de las palabras

La vida secreta
de los árboles

descubrir

energía

esparce

fuente

pronosticar

Todos los años voy a
un campamento de
verano en el bosque.
Me quedo una
semana entera.

Todas las mañanas
escuchamos a un reportero
pronosticar el tiempo para
averiguar si el día va a
estar soleado o nublado.
Si va a llover hacemos
artesanías, y si va a
hacer sol salimos a
caminar por el bosque.

Siempre encontramos cosas nuevas en nuestras excursiones por el bosque. A veces podemos **descubrir** una flor que no hemos visto antes o vemos interesantes tipos de pájaros. Nuestro guía **esparce** semillas para que los pájaros se nos acerquen.

Nadamos en un lago cristalino. Hoy aprendimos que el lago es una **fuente** de alimento para muchos animales.

Siempre me acuesto temprano. Quiero tener bastante **energía** para el día siguiente.

CONEXIÓN
Vocabulario-Escritura

Imagínate que estás caminando por un bosque. Escribe acerca de los animales y las plantas que podrías **descubrir**.

La vida secreta

Género

No ficción explicativa

No ficción explicativa da información acerca de un tema.

Busca

- títulos que digan de qué trata cada sección.

- ideas principales y detalles.

340

de los árboles

por Chiara Chevallier

¿Sabes qué es lo más antiguo del mundo?

¿Puedes adivinar cuál es el ser vivo más pesado en la Tierra?

¿O el más alto?

La respuesta a estas tres preguntas es... ¡un árbol!

Los árboles están por todas partes. ¿Pero qué sabes acerca de los árboles?

Pasa la página para descubrir el mundo secreto de los árboles.

1. La vida del árbol

¿Qué ves cuando miras un árbol?

Ves la corteza que protege el tronco y las ramas. En la parte inferior, la corteza es muy antigua. Es dura y está cuarteada. En la parte superior, la corteza es fresca y suave.

El árbol más alto

¡El árbol más alto que existe mide casi 360 pies! Es una secoya gigante que se encuentra en California. ¡En su tronco hay madera suficiente para construir más de 300 casas!

343

¡Cuando miras un árbol, sólo ves la mitad de él!

La otra mitad está debajo de la tierra. Ahí están las raíces, empujando con fuerza entre la tierra. Se pueden extender por el suelo tanto como la altura del árbol.

Las raíces

!Las raíces de un árbol de 150 pies de altura ocupan debajo de la tierra el mismo espacio que un campo de fútbol!

Un árbol puede vivir más tiempo que cualquier otro ser vivo. Puede vivir cientos y hasta miles de años.

Un árbol necesita sol y agua para crecer.

Por encima del suelo, las hojas de los árboles usan la energía del sol para producir su alimento. Por debajo, las raíces se extienden para buscar agua.

El árbol más antiguo

El árbol más antiguo del mundo es una conífera. Sorprendentemente, ¡este árbol tiene 4,900 años de edad!

Cuando miras un árbol, verás el hogar de muchos animales y pájaros.

Arriba, en las ramas, los pájaros hacen sus nidos. Ahí ponen sus huevos, lejos de otros animales.

Debajo de las ramas, las avispas pueden construir un panal.

Los insectos habitan dentro y afuera de la corteza de los árboles.

El disfraz de los insectos

Algunos insectos, como este insecto espina, se disfrazan y se confunden con ciertas partes de los árboles para evitar que se los coman.

En la tierra, debajo de las raíces, los conejos y los tejones hacen sus madrigueras.

¡En el verano, un árbol es como un hotel de animales!

347

2. Clases de árboles

Los árboles tienen muchas formas y tamaños, pero hay dos tipos principales:

los de ramas dispersas

y las coníferas.

Los árboles de hojas dispersas, tienen hojas grandes y planas y sus ramas se extienden hacia los lados.

En los sombreados bosques del este de América del Norte hay muchos árboles de ramas dispersas.

Muchos árboles de ramas dispersas cambian sus hojas en cada estación.

Con el frío del invierno, casi todos los árboles de ramas dispersas se quedan sin hojas. Las hojas se caen porque reciben menos luz del sol.

Con la llegada de la primavera, nuevas hojas salen de los brotes en las ramas. El árbol despierta de su sueño invernal. Ahora los días son más largos y hay mucha más luz solar.

En el verano, el árbol se cubre con hojas de color verde brillante. Las hojas son el resguardo, el hogar y alimento de muchos animales e insectos.

Cuando el clima se hace más frío, y llega el otoño con su humedad, las hojas de los árboles cambian de color. Algunas toman un tono café. Otras son amarillas o de un rojo brillante. Más tarde se caen al suelo. El árbol se prepara a dormir hasta la llegada de la primavera.

351

No todos los árboles pierden sus hojas en el invierno. Algunos, como las coníferas, permanecen siempre verdes.

Las coníferas pueden vivir en lugares más fríos que los árboles de ramas dispersas. En lugar de hojas planas y anchas, tienen hojas cortas y puntiagudas en las que la nieve se esparce con facilidad.

Ramas muy flexibles

Las ramas de las coníferas son muy flexibles. Por eso no se rompen con el peso de la nieve.

353

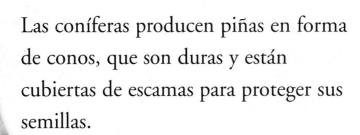

Las coníferas producen piñas en forma de conos, que son duras y están cubiertas de escamas para proteger sus semillas.

Las piñas son de diferentes tamaños. Algunas miden menos de media pulgada. La piña del pino de azúcar mide hasta dos pies de largo.

¡La piña de una conífera puede ayudarte a pronosticar el clima! Cuando hace calor, las escamas de la piña se abren.

Se cierran cuando se avecina una tormenta. Hacen esto para mantener las semillas secas.

Puedes encontrar árboles en cualquier parte del mundo.

En la selva húmeda y vaporosa, los árboles crecen tan juntos que casi no dejan pasar la luz del sol.

Los árboles tropicales crecen en las regiones más cálidas del mundo. Muchas de las frutas y nueces que conoces provienen de los árboles tropicales: aguacates, dátiles, mangos y nueces de Brasil.

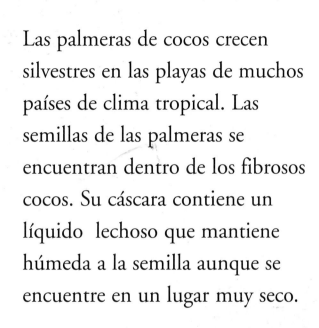

Las palmeras de cocos crecen silvestres en las playas de muchos países de clima tropical. Las semillas de las palmeras se encuentran dentro de los fibrosos cocos. Su cáscara contiene un líquido lechoso que mantiene húmeda a la semilla aunque se encuentre en un lugar muy seco.

Árboles asesinos

La semilla de la higuera estranguladora crece en las raíces de otros árboles. Al desarrollarse, sus raíces rodean al árbol hasta que éste deja de recibir la luz del sol y muere.

Cuando veas un árbol, sabrás que es la fuente de donde se obtienen madera y papel.

La mesa en la que comes y la silla donde te sientas pueden estar hechas de madera.

El columpio en que te meces también puede estar hecho de madera.

¿Sabes cuál es el mayor secreto? ¡Hasta el libro que estás leyendo proviene de un árbol!

Reflexionar y responder

1. ¿Qué datos interesantes **descubriste** al leer esta selección?

2. ¿Cómo el autor te deja saber de qué se va a tratar cada cuadro de información?

3. Vuelve a leer las páginas 346 y 347. Si pudieras dar un título a estas páginas, ¿cuál sería el título?

4. ¿Te gustaría aprender más acerca de una de las ideas de esta selección? ¿Por qué?

5. ¿Cuáles estrategias te ayudaron a leer esta selección? ¿Cuándo las usaste?

El zoológico de hojas

¡Este pez es hecho de hojas!

Las hojas existen en todas las formas, tamaños y colores. ¿Puedes ver una hoja larga verde? ¿Y qué tal una redonda y café? ¿Puedes encontrar una hoja roja en forma de lágrima?

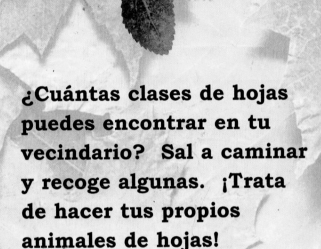

¿Cuántas clases de hojas puedes encontrar en tu vecindario? Sal a caminar y recoge algunas. ¡Trata de hacer tus propios animales de hojas!

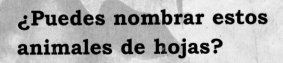

¿Puedes nombrar estos animales de hojas?

Hacer conexiones

Compara textos

1 Piensa en "La vida secreta de los árboles", "Johnny Appleseed" y "De semilla a planta". ¿En qué se parecen estas historias?

2 Piensa en la escritura de "Johnny Appleseed" y "De semilla a planta". ¿Cuál de estas escrituras se parece más a la de "La vida secreta de los árboles"? ¿Por qué?

3 ¿Cuál es la diferencia entre "El zoológico de hojas" y "La vida secreta de los árboles"?

Diagrama de un árbol

tronco

Haz un diagrama que muestre las partes de un árbol. Haz un dibujo de un árbol o recorta una foto de una revista vieja. Pega la fotografía en una hoja de papel. Ponle nombre a cada parte y explica que hace cada una.

CONEXIÓN con la Escritura

¿Usaste un árbol el día de hoy?

Busca cosas en tu salón de clases que provengan de árboles y haz una lista. Luego piensa en tu casa y agrega más cosas a la lista. Elige una forma de compartir tu lista con tus compañeros.

sillas

papel

Mide un árbol

Trabaja con tus compañeros de clase para investigar el grosor de algunos troncos de árbol. Usa una cinta métrica. Mide cada tronco en pulgadas y en centímetros. Anota los números en una tabla. Mira tu tabla para saber qué árboles tienen el tronco más delgado y cuáles lo tienen más ancho.

ÁRBOLES EN LA ESCUELA

1. olmo — 25 pulg. — 64 cm

2. roble — 19 pulg. — 48 cm

3. pino — 33 pulg. — 84 cm

Palabras graves

**Destreza
de
fonética**

Lee estas oraciones del cuento "La vida secreta de los árboles".

¡El <u>árbol</u> más alto que existe mide casi 360 pies!

¡Las raíces de un árbol de 150 pies de altura ocupan debajo de la tierra el mismo espacio que un campo de <u>fútbol</u>!

Vuelve a leer las oraciones en voz alta. Presta atención cómo en las palabras subrayadas la sílaba antes de la última se pronuncia más fuerte.

En las palabras **graves**, como *árbol* y *fútbol*, la sílaba antes de la última lleva acento escrito cuando la palabra termina en *consonante* que no sea *n* o *s*.

Aquí hay otras palabras graves. Di cada palabra en voz alta. ¿Cuál sílaba se escucha más fuerte?

lápiz   difícil

suéter   azúcar

Piensa en otras palabras graves y escríbelas. No olvides el acento.

Preparación para las pruebas

Palabras graves

Elige la palabra grave que está escrita correctamente.

Ejemplo:

- ● césped
- ○ caracter
- ○ marmol

1.
- ○ ámbos
- ○ frágil
- ○ péna

2.
- ○ álbum
- ○ agil
- ○ pélo

3.
- ○ escuéla
- ○ automóvil
- ○ carcel

El poder de las palabras

acomodada

arrodillaba

arrugó

carreras
de relevos

destellos

escondían

¡Hola! Me llamo María. Tomé estas fotos de mi familia el verano pasado.

Mi abuela estaba sentada bajo el árbol de roble. ¿No se ve muy **acomodada**? Mi mamá se **arrodillaba** a su lado.

Mis hermanos y primos estaban corriendo en **carreras de relevos**.

Mi hermano **arrugó** su rostro para imitar el rostro de nuestro perro. Ellos se **escondían** entre los matorrales.

Cuando hizo calor nos tiramos a la piscina. El agua reflejaba los **destellos** del sol.

CONEXIÓN
Vocabulario-Escritura

Haz un dibujo de algo que hiciste el verano pasado. Escribe una descripción usando una o varias de las palabras del vocabulario.

Ficción realista

Una ficción realista habla acerca de personajes que son como las personas de la vida real.

Busca

- a personajes que tengan sentimientos como los de las personas reales.

- un escenario que pudiera ser un lugar verdadero.

EL DÍA

por Kathi Appelt

DE LA SANDÍA

ilustrado por Dale Gottlieb

Esa sandía creció en la esquina del huerto, justo donde se encuentran los postes de la cerca. Jesse la encontró temprano un día mientras arrancaba la maleza. Ni siquiera era del tamaño de su puño, pero era más grande que el resto de las sandías que aún se escondían bajo las velludas hojas de sus mamás.

Cuando Jesse le mostró la sandía a su papá, éste sonrió.

—Sí señor, ésta será de las grandes. Será perfecta para El Día de la Sandía.

¡El Día de la Sandía!

Jesse sabía lo que eso significaba. Vería a todos sus primos, los grandes y los pequeños. Mamá prepararía helado de melocotón. Podría jugar béisbol todo lo que quisiera. También habría carreras de relevos y jugaría a pescar manzanas. También vendría el tío José con su banjo. Pero lo mejor de todo sería esa sandía helada, la más grande del huerto.

De sólo pensar en ello, a Jesse se le hizo agua la boca.

—¿Cuánto tiempo le falta, papá? —preguntó.

—Todo un verano —le respondió.

Jesse miró su pequeña sandía. Era redonda y estaba muy acomodada en la tierra. Jesse sonrió.

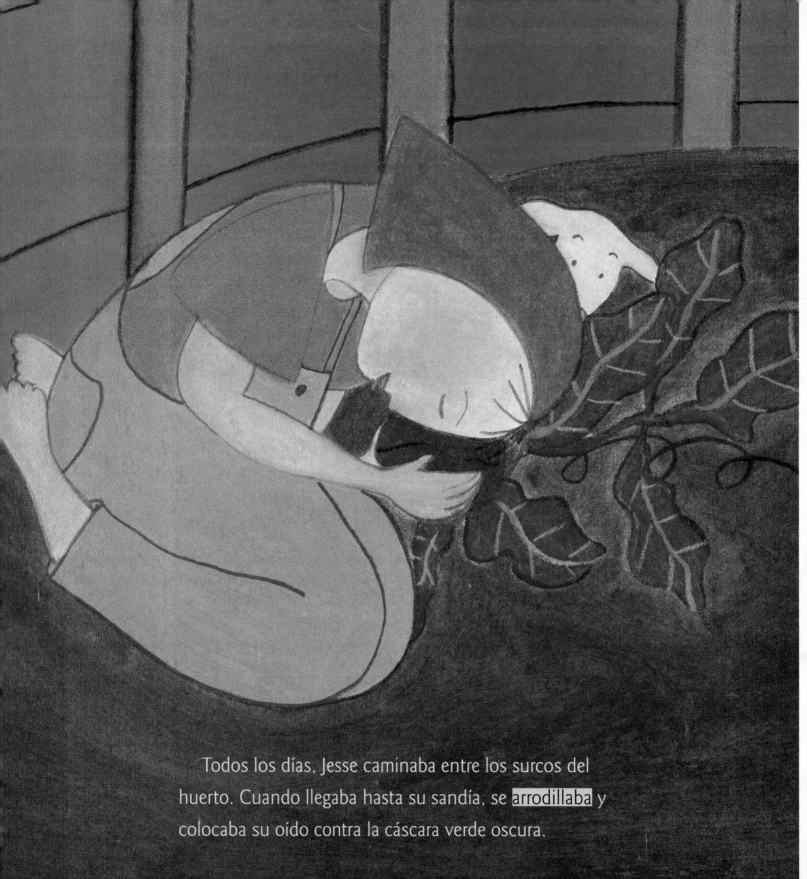

Todos los días, Jesse caminaba entre los surcos del huerto. Cuando llegaba hasta su sandía, se arrodillaba y colocaba su oído contra la cáscara verde oscura.

374

Le daba unas palmaditas. Al principio, hacía un sonido
sordo, como el de las botas de papá cuando las dejaba caer
a la entrada de la casa. Pero conforme pasaron los días, el
sonido se hacía cada vez más dulce.

Jesse también les daba palmaditas a las otras sandías. En
algunas, el sonido era sordo. En otras, el sonido era más
dulce. Pero su sandía era la que mejor sonaba.

Sandía, sandía

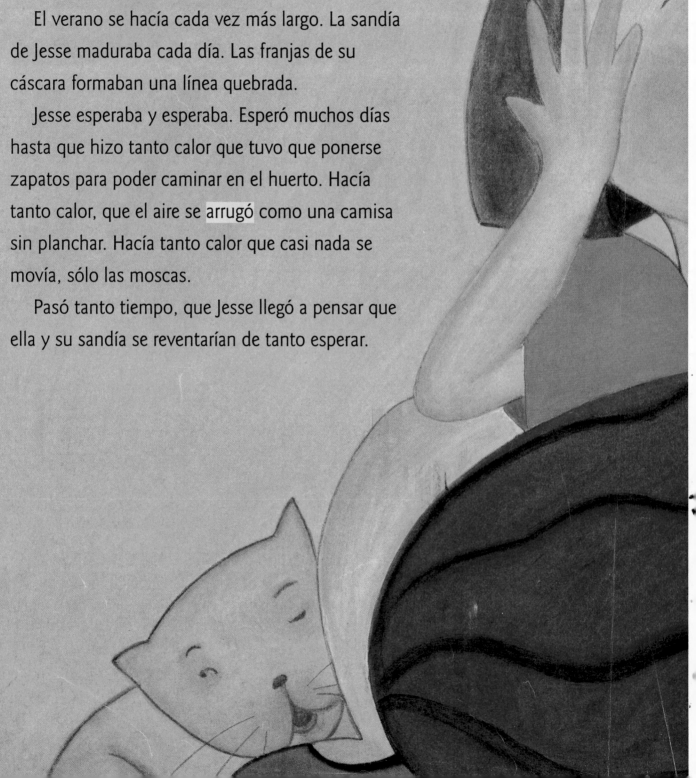

—¿Cuánto tiempo falta, papá? —preguntó.

—No mucho —le respondió.

El verano se hacía cada vez más largo. La sandía de Jesse maduraba cada día. Las franjas de su cáscara formaban una línea quebrada.

Jesse esperaba y esperaba. Esperó muchos días hasta que hizo tanto calor que tuvo que ponerse zapatos para poder caminar en el huerto. Hacía tanto calor, que el aire se arrugó como una camisa sin planchar. Hacía tanto calor que casi nada se movía, sólo las moscas.

Pasó tanto tiempo, que Jesse llegó a pensar que ella y su sandía se reventarían de tanto esperar.

Una mañana, cuando sus parientes estaban por llegar,
Jesse preguntó de nuevo, —¿cuánto tiempo falta, papá?
Papá miró a Jesse. Miró al huerto de sandía. Miró a aquel
cielo azul de verano. —Bueno, —le respondió—, éste
parece ser El Día de la Sandía.

¡El Día de la Sandía!

Jesse llegó brincando a la esquina del huerto, justo
donde se encuentran los postes de la cerca. Le dio unas
palmaditas a su sandía. Ésta estaba llena de frescas gotas de
lluvia de verano. Llena del calor de su nicho de tierra. Llena
del caluroso sol.

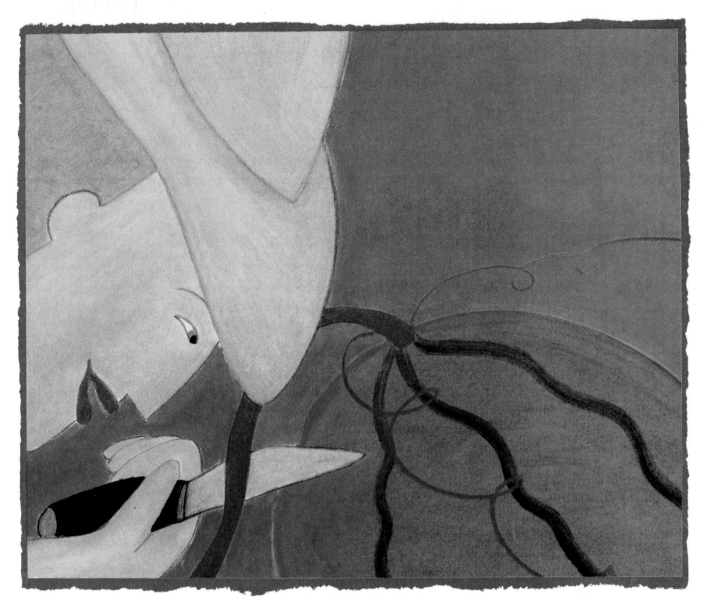

Papá cortó la enredadera con su cuchillo y tomó la
sandía entre sus manos. Caminó frente a la casa y luego
llegó hasta el lago. Ahí sumergió la sandía en el agua fría.
La sandía flotaba por toda la orilla, bajo la sombra azulosa
de un sauce llorón.

—¿Cuánto tiempo falta, papá? —preguntó Jesse.

—Casi todo el día —respondió papá—. Todo el calor
del verano está dentro de ella.

La sandía de Jesse permaneció en el agua casi todo el día.
Las ramas del sauce se hundían en el agua para refrescarse y
salían de nuevo. La sandía flotaba mientras los primos llegaban.

Flotaba mientras mamá servía el helado de melocotón.

Flotaba mientras jugaban béisbol y corrían varias carreras de relevos.

Flotaba aún mientras el tío José tocaba canciones en su banjo.

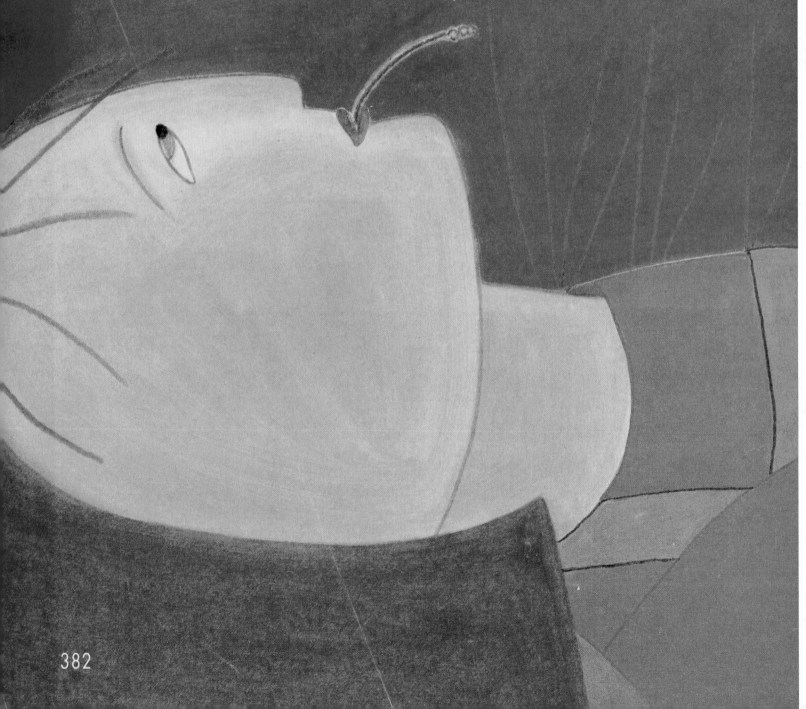

Y mientras todo esto sucedía, Jesse pensaba en su sandía y se le hacía agua la boca.

Sandía, sandía

—¿Cuánto tiempo falta, papá? —preguntó ella.
—Todavía no está lista, —le respondió.

El día se alargaba y se alargaba como la siesta de un viejo gato. Jesse esperaba y esperaba.

Esperó el final del juego de béisbol. Esperó que terminara la pesca de manzanas. Esperó a que acabara el juego de los "encantados". Esperó a que el tío José tocara "Las barras y las estrellas".

Por fin, el sol empezó a caer. El sudor se secó en el cuello de Jesse. El lago mostraba sus últimos destellos. —¿Cuánto tiempo falta, papá? —preguntó. Papá miró a Jesse. Miró como se ponía el sol. Miró al lago que destellaba. —Creo que ya se enfrió lo suficiente, —respondió.

Jesse daba saltos y brincos de alegría. Bailó todo el camino al lago. Papá tomó la sandía del agua fría y la llevó a la entrada de la casa. Luego la puso en el piso.

Con el borde de su mano, papá golpeó la sandía justo en la mitad.

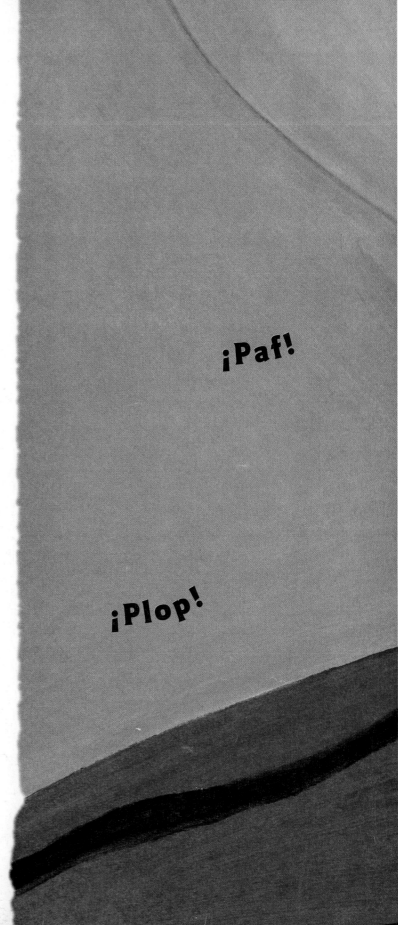

¡Paf!

¡Plop!

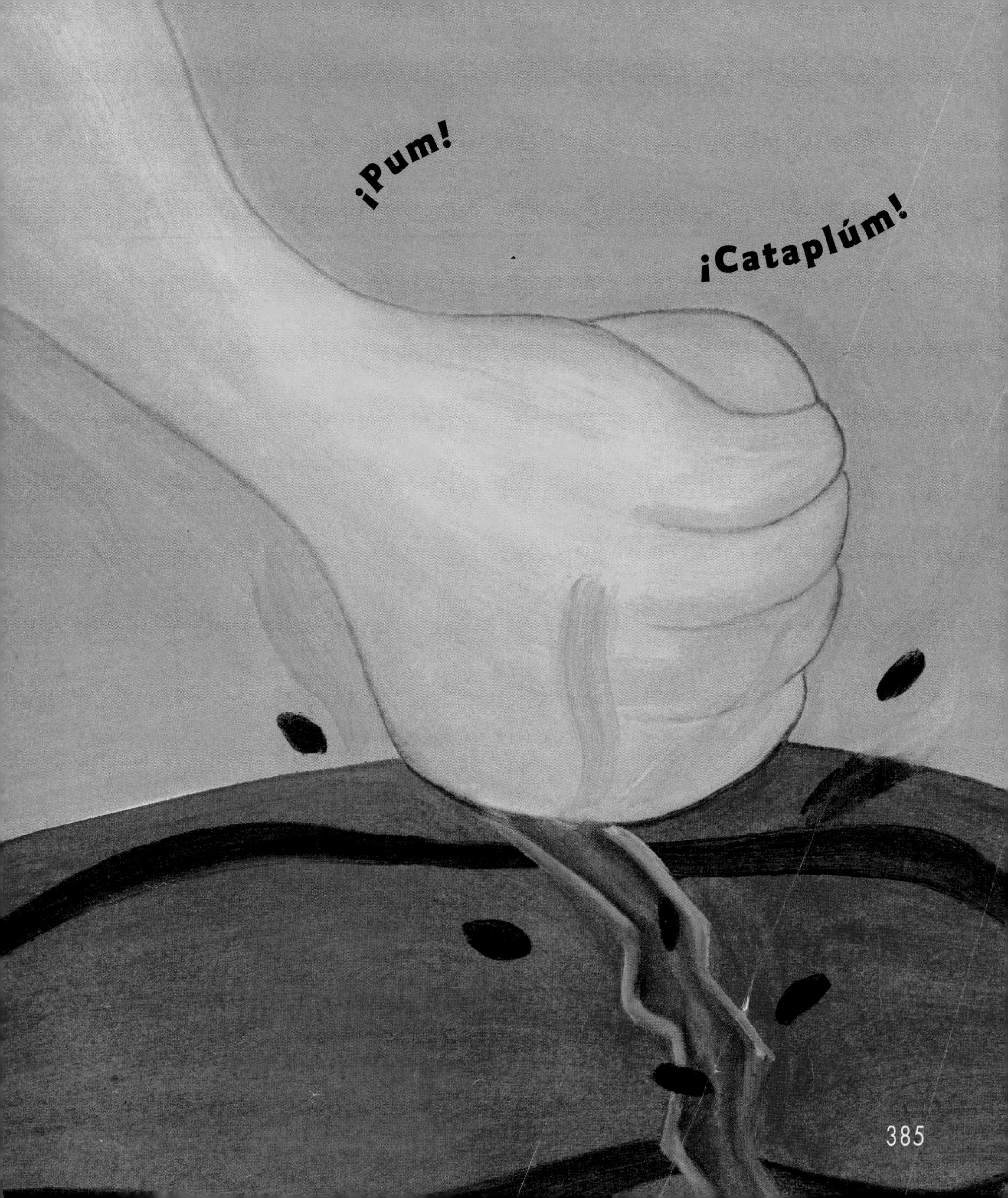
¡Pum!
¡Cataplúm!

El jugo rojo escurría por la barbilla de Jesse. Luego escurrió por sus manos y entre los dedos y le salpicó los pies.

Era una sandía muy dulce. Dulce como la lluvia de verano.
Dulce como una canción de cuna. Era una sandía muy fría.
Fría como la nariz de un cachorro. Fría como el lago profundo.
Jesse reía y bailaba. Escupía las semillas al viento y
cantaba la canción de la sandía.

Sandía, sandía

Reflexionar y responder

1. ¿Qué siente Jesse por su sandía?

2. ¿Por qué crees que la autora dice que el aire se **arrugó** como una camisa sin planchar?

3. ¿Por qué la sandía ayudó a Jesse a comprender la naturaleza?

4. ¿Qué te gustaría sembrar en un huerto? ¿Por qué?

5. ¿Cuál estrategia te ayudó a leer este cuento?

388

Conoce a la autora y a la ilustradora

Kathi Appelt

¿Se enojaría tu mamá si dibujaras en las paredes? La mamá de Kathi Appelt no se enojaba con su hija. Kathi y sus hermanas siempre hacían dibujos en las paredes de su garaje. Después, Kathi escribía poemas en las paredes. Ahora vive en Texas con su familia y escribe libros para niños, pero ya no escribe en las paredes. Ahora usa una computadora.

Dale Gottlieb

Además de ilustrar libros para niños, Dale Gottlieb escribe "tapetes con historias". Las imágenes que dibuja en sus tapetes cuentan historias. Ella obtiene ideas de las historias que lee y hasta de las historias que ella misma escribe. Puedes ver sus tapetes con historias en Seattle, Washington.

Visita *The Learning Site*
http://www.harcourtschool.com

Hacer conexiones

Compara textos

1 ¿Por qué crees que "El Día de la Sandía" es parte del tema llamado Nuestro mundo?

2 ¿En qué se parece el personaje principal de "El Día de la Sandía" al personaje principal de "Johnny Appleseed"? ¿En qué se diferencia?

3 ¿En qué forma "El Día de la Sandía" y "De semilla a planta" están escritas de una manera diferente? ¿Cuál da más información?

Invitación al Día de la Sandía

25 de agosto del 2002

Querido Jaime:
Por favor ven a mi fiesta del Día de la Sandía. Será el sábado 5 de septiembre por la tarde. Mi dirección es calle Roble 3. Vamos a tener muchos juegos.
Tu amiga,
Clarisa

Escribe una carta para invitar a tus amigos a la fiesta de tu Día de la Sandía. Incluye las cinco partes de una carta.

CONEXIÓN con la Escritura

Haz un mapa

¿**E**n qué lugar de Estados Unidos se cultivan mejor las sandías? ¿Por qué? Investígalo y haz un mapa que muestre los estados donde se cultivan más sandías. Comparte tu información.

Granjas de sandías

Comparte una sandía

¿**C**ómo podrías compartir una sandía con tus compañeros de clase de manera que cada uno recibiera una porción del mismo tamaño? Haz un plan que muestre cómo la clase podría cortar una sandía grande. Muestra tu plan. Usa dibujos para ayudarte.

Hacer inferencias

Lee las siguientes oraciones de "El Día de la Sandía".

Pero lo mejor de todo sería esa sandía helada, la más grande del huerto.

De sólo pensar en ello, a Jesse se le hizo agua la boca.

Cuando usas claves y lo que ya sabes para comprender algo, **haces inferencias**. De las oraciones de arriba puedes inferir que Jesse está pensando en comerse la sandía.

La tabla siguiente muestra cómo puedes hacer inferencias conforme lees "El Día de la Sandía".

Claves de la historia	+ Lo que sabemos	= Inferencia
La sandía de Jesse es la más grande de todas.	Papa dice que será perfecta para El Día de la Sandía.	La sandía más grande de todas es la mejor para el Día de la Sandía.
Jesse está entusiasmada por la sandía.	Las personas se comen las sandías.	

Visita *The Learning Site*
www.harcourtschool.com

Ve *Destrezas y Actividades*

¿Qué inferencia puedes escribir en el último cuadro?

Preparación para las pruebas

Hacer inferencias

Lee el párrafo y contesta las preguntas.

> ### El mundo de Olivia
> Olivia se despertó con el sol brillando en sus ojos. Miró alrededor del cuarto. Su hermanita estaba dormida en la cama de al lado. Había cajas por todas partes. Después oyó la voz de su papá. —¡Niñas, despierten! Es hora de ver el nuevo vecindario.

1. **Se puede inferir que ___.**
   - ○ Olivia está perdida
   - ○ Olivia está con una amiga
   - ○ la familia de Olivia se acaba de mudar
   - ○ Olivia está soñando

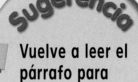

Sugerencia

Vuelve a leer el párrafo para asegurarte de que tienes la información importante más.

2. **Se infiere que esta historia tiene lugar___.**
   - ○ tarde en la noche
   - ○ en la mañana
   - ○ en la tarde
   - ○ acabando de cenar

Sugerencia

Usa palabras clave y lo que ya sabes para hacer inferencias acerca de la historia.

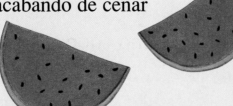

393

El poder de las palabras

Fiesta de Calabazas

aldea

arrastró

corona

enredaderas

presumidamente

Vivo en Jacinto. Jacinto es una pequeña **aldea** con muchas fincas. El año pasado tuvimos un desfile de otoño.

Cada campesino **arrastró** su carroza cuidadosamente con su camión. Una de las carrozas estaba cubierta con calabazas y sus **enredaderas**. Un cómico espantapájaros nos sonreía mientras la carroza se movía lentamente.

Elena, mi hermana mayor, fue escogida para ser la reina de la cosecha. Ella llevaba una **corona** en su cabeza y saludaba a la gente.

Durante semanas mi hermana alardeaba **presumidamente** de haber sido la reina de la cosecha. Todas las mañanas se ponía su corona y me recordaba que ella era la que había ganado. ¡Yo estaba contenta por ella, así que no me molestaba mucho!

CONEXIÓN
Vocabulario-Escritura

Imagínate que le pudieras dar una **corona** a alguien. ¿A quién se la darías y por qué? Escribe un párrafo que explique tus ideas.

Fiesta

396

de Calabazas

por Caryn Yacowitz

ilustrado por Joe Cepeda

La vieja Juana cosechaba las calabazas más grandes, redondas y anaranjadas en toda la provincia de San Miguel. Desde un principio ella se había ganado la corona especial de calabaza en la gran fiesta cada año.

Todos en su aldea estaban orgullosos de la vieja
Juana. Todos menos su vecino, Fernando el
Fanfarrón.

—Yo descubriré el secreto de la vieja Juana, y
este año mi calabaza será la mejor de la fiesta—
le dijo presumidamente Fernando a Toro.

A la hora de sembrar, Fernando siguió a la vieja Juana a la Colina de Calabazas y se escondió detrás de un arbusto. Observó cómo la vieja Juana y su burro, Dulcita, araban el terreno. La vieja Juana desmoronaba los terrones de tierra con su azadón hasta que quedaban como harina en sus manos.

Su vestido de algodón desteñido ondeaba en la brisa fresca de primavera. Su sombrero grande de paja hacía una sombra en forma de piscina en la tierra recién arada. La vieja Juana se agachaba tanto que su barbilla casi tocaba sus rodillas a medida que sembraba cuidadosamente las bellas semillas blancas de calabaza; una, dos, tres en cada montón.

Fernando el Fanfarrón observaba y
observaba. Entonces de pronto corrió a casa tan
rápido como sus piernas flacas se lo permitían.

Al día siguiente muy temprano, Fernando comenzó a arar su terreno. Se puso un vestido de algodón desteñido y un sombrero enorme de paja. Tiró rápidamente las semillas en todas las direcciones.

—Me veo igual a la vieja Juana —dijo Fernando el Fanfarrón, mientras rascaba a Toro detrás de las orejas—. Estoy seguro que éste es el secreto de sus calabazas.

Muy pronto comenzaron las lluvias cálidas de primavera. Las enredaderas en la Colina de Calabazas de la vieja Juana crecieron muy fuertes. Sus zarcillos enredados se aferraron a la tierra.

Fernando miró sus enredaderas escuálidas. —¿Será que hay otro secreto? —se preguntó—.

A la mañana siguiente, cuando la vieja Juana y Dulcita pasaron cargando jarrones pesados llenos de agua de pozo, Fernando dejó su sitio favorito en el árbol y las siguió a la Colina de Calabazas.

—Agua, agua, mis bellezas —las palabras de la vieja Juana eran llevadas por la cálida brisa a medida que le daba de beber agua fresca a cada planta—. Mis bebés dorados, mis bebés dorados —le susurraba a cada flor amarilla—. Abran sus caras al sol, inviten a las abejas a que las visiten. Muy pronto se convertirán en calabazas redondas y gorditas.

—¡Sí! ¡Sí! ¡Sí! —gritó Fernando. Cuando llegó a su casa se puso el vestido de algodón desteñido y su sombrero de paja. Echó un poco de agua en una vieja vasija de barro y corrió hacia la Colina de Calabazas.

—Agua, agua —dijo—. Agua, agua, mis bellezas —le salpicó unas gotas de agua a sus plantas—. Mis bebés dorados, mis bolitas doradas, mis tacitas doradas. Una gota de agua por aquí, otra salpicada por allá. Botones dorados, tacitas bebés, bellezas doradas —decía Fernando. Le habló a sus calabazas hasta la puesta del sol.

Antes de acostarse Fernando bailó feliz. —Yo conozco el secreto de la Colina de Calabazas —le dijo a Toro—. ¡Me parezco a la vieja Juana y también hablo como ella! ¡Me ganaré la corona de calabaza este año!

Durante el largo verano, la vieja Juana y
Dulcita cargaron agua a la Colina de Calabazas.
Las flores amarillas se convirtieron en calabazas
bebés. Algunas crecieron tan grandes y redondas
como ruedas de carreta. La vieja Juana le puso
nombres a las tres mejores calabazas, Gorda, la
más gordita, Linda, la más bonita y Rosadita por
su color.

Fernando le hablaba a sus plantas pero a menudo se le olvidaba regarlas. Sólo unas cuantas flores se convirtieron en pequeñas calabazas verdes. —Algo no anda bien —dijo—. Observaré a la vieja Juana una vez más.

Fernando corrió a la Colina de Calabazas y se escondió. Observó como la vieja Juana y Dulcita quitaban insectos cuidadosamente de las enredaderas.

—¡Por supuesto! —gritó—. ¿Por qué no vi esto antes? Toro tendrá que ayudarme.

A la mañana siguiente, Fernando buscó paja y pita. Se fue a su terreno halando a Toro detrás de él.

Fernando el Fanfarrón arrancó un insecto hambriento de una hoja. Toro estaba cerca de él mortificado, con la cabeza agachada.

—Muy bien hecho —declaró Fernando esa noche—. Ya conozco todos los secretos. Me veía y hablé igual que la vieja Juana y tú, mi mascota preciosa, te veías igual que Dulcita. ¡Estoy seguro que mis calabazas serán las mejores de la fiesta!

Pero Toro se arremetió contra la esquina más lejana del campo y no regresó, ni siquiera a medianoche.

En el otoño las calabazas más grandes de la vieja Juana, Gorda, Linda y Rosadita, se habían puesto del color de la luna de cosecha.

Las calabazas de Fernando eran pequeñas, marchitas y verdes.

La noche anterior a la fiesta, Fernando se arrastró entre las enredaderas de la Colina de Calabazas. Con un ¡zas! y un machetazo cortó a Gorda, Linda y Rosadita de sus enredaderas y las tiró en su carreta.

A la madrugada del día de la fiesta, la vieja Juana y Dulcita llegaron a la Colina de Calabazas. La vieja Juana miró el sitio donde sus hermosas calabazas habían crecido. No podía creer lo que veía.

—¿Dónde están mis niñas? —lloró—. ¿Quién se ha robado mis bellezas?

Buscó por todas partes de la Colina de Calabazas.

Cuando se aseguró de que no estaban por ningún lugar, la vieja Juana tomó un cuchillo y se agachó donde las enredaderas de Gorda, Linda y Rosadita habían crecido.

Con sus corazones apesadumbrados la vieja Juana y Dulcita caminaron por el camino polvoriento hacia la fiesta.

Cuando llegaron escucharon música y gritos. Empujando entre la multitud la vieja Juana descubrió a Gorda, Linda y Rosadita. ¡Allí sentado orgullosamente detrás de ellas estaba Fernando el Fanfarrón! El alcalde estaba a punto de colocar la corona de calabaza en la cabeza de Fernando.

—¡Pare! ¡Pare! —gritó la vieja Juana. La música paró de tocar. La muchedumbre se puso silenciosa. Todas las miradas estaban fijas en la vieja Juana.

—¡Esas son mis calabazas! —gritó.
La muchedumbre se quedó horrorizada.

—¿Cómo puede probar que éstas son sus calabazas? —preguntó el alcalde.

—Yo labré la tierra y sembré las semillas en la Colina de Calabazas. Llevé agua todos los días a las plantas. Quité los insectos que se comían las hojas —respondió Juana.

—Tal vez —dijo el alcalde—, pero tiene que tener algo de prueba.

—Las calabazas son mías, y puedo probarlo —dijo Juana. Sacó de sus hondos bolsillos los tallos de las enredaderas de donde cada calabaza había sido cortada. —Aquí está la de Gorda. Y la de Linda. Fíjense que les quedan como un sombrerito. Y ésta pertenece a mi preciosa Rosadita.

Se oyó un murmullo entre la multitud.

—¡Éstas son verdaderamente las calabazas de la vieja Juana! —gritó el alcalde y le puso la corona en la cabeza a la vieja Juana.

La multitud comenzó a ovacionar.

—¡Viva Juana! ¡Viva Juana!

Fernando el Fanfarrón estaba a punto de escaparse cuando el alcalde lo agarró y lo llevó a donde estaba la vieja Juana.

Fernando se paró delante de ella cabizbajo.

—Lo siento mucho Juana —dijo Fernando—. No hice bien en tomar tus calabazas.

—Fernando, Fernando —dijo Juana—. ¿De veras que quieres lograr calabazas hermosas y grandes?

—¡Sí! ¡Sí! —gritó Fernando.

—¿Prestarás atención y harás lo que yo diga? —preguntó la vieja Juana.

—¡Sí! ¡Sí! ¡Te lo prometo! —gritó Fernando.

—Pues —dijo la vieja Juana sonriendo—, entonces te enseñaré.

Y la vieja Juana le enseñó a Fernando el Fanfarrón el secreto de la Colina de Calabazas.

Reflexionar y responder

1. ¿Qué hace Fernando el Fanfarrón este año para ganarse la corona de calabaza?

2. ¿Qué hacen la autora y el ilustrador para que el cuento sea cómico?

3. ¿Cuál es el secreto de la Colina de Calabazas?

4. ¿Cuál es tu parte favorita del cuento?

5. ¿Qué estrategias usaste para ayudarte a leer este cuento? ¿Por qué?

CARYN YACOWITZ

A Caryn Yacowitz le encanta trabajar en su jardín. Una vez ella y su familia cosecharon una calabaza que pesaba 53 libras. Luego la convirtieron en un plato hondo de sopa. ¿Qué clase de sopa sirvieron? ¡De calabaza por supuesto!

Caryn Yacowitz vive en Palo Alto, California.

Conoce al ilustrador
JOE CEPEDA

Como Fernando el Fanfarrón, a Joe Cepeda le encantan las calabazas. Su esposa dice que se puede comer un pastel de calabaza entero el Día de Acción Gracias. Cuando no está ilustrando libros, a él también le gusta trabajar con madera.

Joe Cepeda vive con su familia en Rosemead, California.

**Visita *The Learning Site*
www.harcourtschool.com**

Hacer conexiones

Compara textos

1 ¿Por qué piensas que "Fiesta de Calabazas" está en el tema Nuestro mundo?

2 ¿Cómo es Fernando el Fanfarrón diferente a Johnny Appleseed?

3 ¿En qué se parecen las historias "El Día de la Sandía" y "Fiesta de Calabazas"?

Cómo cultivar una calabaza

CONEXIÓN con la Escritura

Piensa qué hacía la vieja Juana para que sus calabazas crecieran grandes y redondas. Escribe paso por paso cómo cultivar calabazas.

Apóyate en los sucesos de la historia y asegúrate de que los pasos estén en orden.

Cómo cultivar una calabaza
1. Arar la tierra.
2.

Las frutas

¿Sabías que una calabaza es una fruta? Las calabazas son la fruta de la planta de la calabaza. Como otras frutas, una calabaza tiene semillas en su interior, de las que puede crecer una planta. Haz una lista de frutas que tengan semillas en su interior. Incluye:

- una fruta con cáscara
- una fruta verde
- una fruta que no sea dulce
- tu fruta favorita
- una fruta que crezca en árboles

CONEXIÓN con las Ciencias

Todo sobre México

Esta historia tiene lugar en México. Localiza México en un mapa. ¿Está México al norte o al sur de Estados Unidos? ¿Es más grande o más pequeño que Estados Unidos? ¿Qué océanos están al lado de él? Habla con tus compañeros sobre lo que investigaste.

CONEXIÓN con los Estudios sociales

Palabras agudas

Lee estas oraciones del cuento "Fiesta de Calabazas".

Su vestido de <u>algodón</u> desteñido ondeaba en la brisa fresca de primavera.

Al día siguiente muy temprano Fernando comenzó a arar su terreno.

Fernando <u>corrió</u> a la Colina de calabazas y se <u>escondió</u>.

Vuelve a leer las oraciones en voz alta. Presta atención cómo en las palabras subrayadas la última sílaba se pronuncia más fuerte. Éstas son palabras **agudas**.

En las palabras agudas, la última sílaba lleva acento escrito cuando las palabras terminan en *vocal*, *n* o *s.*

Aquí hay otras palabras agudas. Di cada palabra en voz alta. ¿Cuál sílaba se escucha más fuerte?

cajón	limpió	revés
fanfarrón	ciempiés	sembré

Piensa en otras palabras agudas y escríbelas. No olvides el acento.

Preparación para las pruebas

Palabras agudas

Elige la palabra aguda que está escrita correctamente.

Ejemplo:

- ○ vacacion
- ● corrección
- ○ atencion

1.
- ○ arcón
- ○ limon
- ○ hablo

Sugerencia

Dí las palabras en voz alta y escucha cual sílaba se oye más fuerte.

2.
- ○ television
- ○ televísion
- ○ televisión

Sugerencia

Si la última sílaba se oye más fuerte y la palabra termina en *vocal*, *n* o *s*, esa sílaba lleva acento escrito.

3.
- ○ baron
- ○ detrás
- ○ tibúron

4.
- ○ compraré
- ○ buscaras
- ○ limpiara

425

Manual del escritor

Contenido

Planear tu escritura

Propósito para escribir

Existen numerosos propósitos diferentes para escribir. Las personas pueden escribir para ofrecer información, para entretener, para dar una opinión o para expresar ideas.

Algunos propósitos para escribir	Ejemplos
dar información	• párrafo de instrucciones • informe de investigación
entretener	• cuento divertido • poema
dar una opinión	• cartel para persuadir • reseña de un libro
expresar ideas	• anotación en el diario • carta

Inténtalo

¿Cuál sería el propósito para escribir un párrafo acerca de los tipos de gatos?

El proceso de escritura

Cuando escribas, usa un plan para auxiliarte. Piensa sobre *qué* quieres escribir, para *quién* estás escribiendo, y *por qué* estás escribiendo. Luego, usa estos pasos como ayuda mientras escribes.

Antes de escribir

Planea lo que vas a escribir. Elige el tema y organiza la información.

Hacer el borrador

Escribe tus ideas en oraciones y párrafos. No te preocupes de los errores.

Revisar

Lee lo que has escrito. Añade ideas y detalles importantes que dejaste fuera. Asegúrate de que la información esté en un orden que tenga sentido.

Corregir

Revisa los errores. Corrige los errores en letras mayúsculas, revisa la puntuación y la ortografía.

Publicar

Elige la forma de mostrar tu escrito. Puedes añadir fotos, gráficos o tablas.

Inténtalo

En tu diario, haz una lista de los cinco pasos para escribir. Haz un dibujo con cinco partes, como el de arriba, que te ayude a recordar cada paso.

Cómo obtener ideas

Los escritores encuentran los **temas**, o ideas, para escribir de muchas formas. Una manera es hacer **una lluvia de ideas**. En una lluvia de ideas, haces una lista de todas las ideas que te vienen a la mente. Esta es una lista de ideas para un cuento sobre "jugar".

Los escritores también generan ideas usando una **red de palabras.**

Los escritores se hacen **preguntas** para buscar ideas para sus escritos. Ellos escriben varias preguntas y luego buscan sus respuestas antes de empezar a escribir. Estas preguntas son para un informe de investigación.

Camiones que nos ayudan

¿Qué tipos de camiones utiliza la gente en sus trabajos?

¿Qué hacen estos camiones?

Otra manera de obtener ideas es escribir en tu **diario**. Puedes hacer una lista de cosas interesantes para escribir luego sobre ellas.

2 de septiembre del 2003

Hoy tuve mi primera lección de piano. Estaba nervioso. Pero, ¡me encanta tocar! La media hora se fue volando. Mi maestro me dijo que lo había hecho muy bien.

Inténtalo

Escoge un animal sobre el que te gustaría escribir. Genera ideas y haz una lista de palabras que hablen sobre él.

Diccionario

Un **diccionario** es un libro que ofrece el significado de las palabras. También puede dar un ejemplo de cómo se usa la palabra. Detrás del ejemplo de oración puede venir un **sinónimo**, o palabra que tiene el mismo significado. Las palabras aparecen en orden alfabético. Si una palabra tiene más de un significado, cada significado tiene un número.

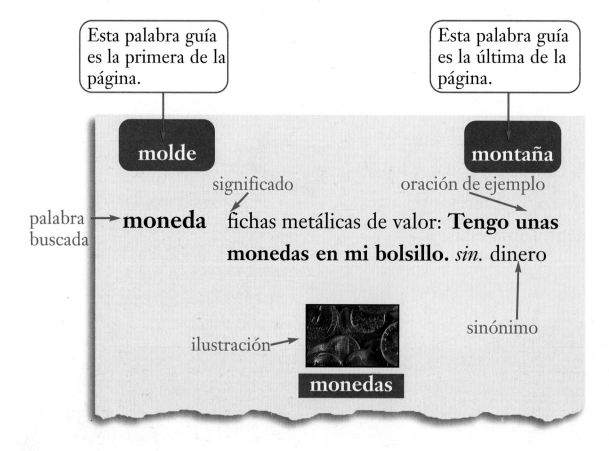

Esta palabra guía es la primera de la página.

Esta palabra guía es la última de la página.

molde

montaña

significado

oración de ejemplo

palabra buscada

moneda fichas metálicas de valor: **Tengo unas monedas en mi bolsillo.** *sin.* dinero

sinónimo

ilustración

monedas

Diccionario de sinónimos

Un **diccionario de sinónimos** es una lista de palabras y sus sinónimos. A veces un diccionario de sinónimos también incluye los antónimos. Un **antónimo** es una palabra que significa lo contrario. Un buen momento para usar el diccionario de sinónimos es cuando buscas una palabra más interesante o más exacta.

palabra guía — gramática

palabra guía — granizo

palabra buscada → **grande** de gran tamaño

Ese oso es **grande.** ← oración de ejemplo

sinónimos → gigante enorme largo

CONTRARIO: poco, pequeño, diminuto

↑ antónimos

Inténtalo

Elige una palabra y búscala en el diccionario y en el diccionario de sinónimos. ¿Qué cosas coinciden en los dos libros? ¿Qué son diferentes?

Atlas

Un **atlas** es un libro de mapas. Un atlas de Estados Unidos contiene los mapas de todos los estados. Los mapas muestran las ciudades, los cuerpos de agua y las montañas. A veces los mapas muestran dónde se producen los principales productos. Busca el mapa que necesites en el Contenido o en el Índice de un atlas.

Mapa de la Florida

productos forestales

maní

maíz

productos forestales

Tallahassee

pescado

vegetales y frutas

Océano Atlántico

naranjas

Golfo de México

Orlando

uvas

pescado

Clearwater

vegetales y frutas

uvas

naranjas

Lago Okeechobee

naranjas

Miami

carne y leche

Periódico

Un **periódico** trae las noticias. Habla de lo que sucede en tu ciudad y en el mundo.

Un periódico habla sobre muchos temas. Puede hablar de los acontecimientos en la vecindad, de los deportes, del arte, de los negocios y del tiempo. Los artículos de periódico dicen *quién*, *qué*, *dónde*, *cuándo*, *por qué* y *cómo*.

Revista

Una **revista** brinda información a través de reportajes e imágenes. Las revistas, por lo general, salen una vez a la semana o una vez al mes.

Las revistas pueden tratar sobre un tema principal, tales como la ciencia, el patinaje, el béisbol o las colecciones de muñecas. Algunas revistas están dirigidas a ciertos grupos de personas, como los niños, los padres o las personas mayores.

Inténtalo

Busca un artículo en el periódico sobre un lugar. Busca ese lugar en un atlas. ¿Qué dice el atlas sobre ese lugar?

Partes de un libro

La mayoría de los libros tienen páginas especiales que ofrecen información sobre lo que está dentro. El **contenido** muestra los capítulos al principio de un libro. También da el número de la página donde comienza cada capítulo.

El **glosario** da los significados de las palabras importantes al final del libro.

El **índice** lista los temas al final del libro. Los temas aparecen por orden alfabético. El índice da los números de las páginas donde se pueden encontrar esos temas.

Contenido

Capítulo	Página
1 Oraciones	.24
2 Partes de una oración	.34
3 Oraciones y preguntas	.44
4 Tipos de oraciones	.58

Índice

Usar la computadora

Una computadora puede ayudarte de muchas maneras mientras escribes. Puedes usar el **Corrector ortográfico** para encontrar y corregir las palabras que estén mal escritas.

Existen programas para corregir la ortografía en español. A veces, los propios programas en inglés incluyen una opción para el español.

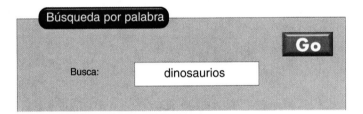

Puedes usar un **buscador** para encontrar información. Una **palabra clave** dice cuál es tu tema. Escribe una **palabra clave** y haz clic en ve (*Go*).

También puedes usar una computadora para recibir y enviar **correos electrónicos**. Para enviar un correo electrónico necesitas la dirección electrónica de esa persona.

Inténtalo

Busca un libro sobre tu deporte favorito. Mira la tabla de contenido. Elige un capítulo que te interese y lee un poco. Luego, usa un procesador de texto y escribe un párrafo corto sobre lo que leíste.

El cuento

Un cuento tiene **principio**, **desarrollo** y **desenlace**.
Un buen cuento tiene personajes bien definidos, un
escenario y un problema a resolver.

Un **mapa del cuento** es un cuadro que muestra las
partes de la historia. Para planear sus cuentos durante
la fase de preparación para a la escritura los escritores
usan mapas del cuento. El escritor responde a las
preguntas en cada parte del mapa del cuento.

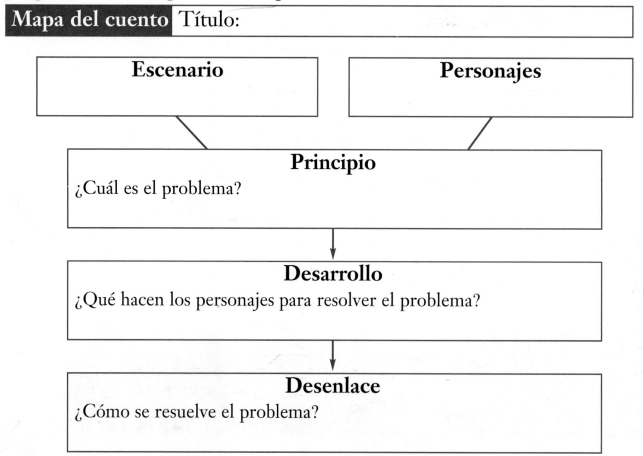

Mapa del cuento	Título:

Escenario

Personajes

Principio
¿Cuál es el problema?

Desarrollo
¿Qué hacen los personajes para resolver el problema?

Desenlace
¿Cómo se resuelve el problema?

Un **cuadro de secuencia** es otra manera de organizar un cuento. Los escritores suelen usar cuadros de secuencias para escribir historias personales. En un cuento personal, un escritor habla sobre algo que le pasó en su vida.

En un cuadro de secuencia, el escritor responde las preguntas sobre qué ocurre **primero, después** y al **final** en un cuento personal.

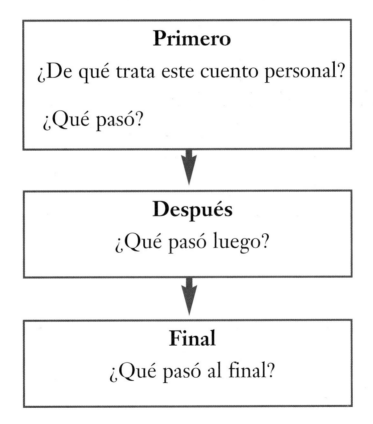

Primero

¿De qué trata este cuento personal?

¿Qué pasó?

Después

¿Qué pasó luego?

Final

¿Qué pasó al final?

Inténtalo

Piensa en un cuento que conozcas. Haz un mapa del cuento para mostrar sus partes.

Tomar apuntes

En un **informe de investigación,** un escritor da información sobre un tema. Para encontrar información para un informe puedes escribir preguntas en una **tarjeta.** Luego, busca en una computadora y en la biblioteca para encontrar las respuestas. Escribe las respuestas en tus tarjetas.

> ### ¿Cuándo vivieron los dinosaurios?
>
> - El último dinosaurio murió hace unos 65 millones de años.
> - El primer dinosaurio vivió hace unos 245 millones de años.
> - Nadie sabe con certeza por qué murieron.

Coloca tus tarjetas de notas en un orden que tenga sentido. Luego, usa las tarjetas para escribir un esquema. Un **esquema** muestra el orden de las **ideas principales** y los **detalles** en un escrito.

> ### Esquema sobre los Dinosaurios.
>
> 1. ¿Cuándo vivieron los dinosaurios?
>   a. último dinosaurio, hace 65 millones de años
>   b. primer dinosaurio, hace 245 millones de años
>   c. nadie sabe por qué murieron.
> 2. ¿Qué tipo de dinosaurios existían?
>   a. Tiranosauro rex
>   b. Estegosauro
>   c. Trudon

Usa tu esquema para organizar el informe. Las preguntas se convierten en las **ideas principales.** Escribe un párrafo sobre cada idea principal. Las respuestas encontradas son los **detalles** sobre las ideas principales.

Dinosaurios

Los dinosaurios vivieron hace millones de años. Los primeros dinosaurios vivieron hace unos 245 millones de años. El último dinosaurio murió alrededor de 65 millones de años atrás. Nadie sabe con certeza qué les pasó.

Muchas clases de dinosaurios vagaron por la Tierra. El tiranosauro rex era grande y feroz y pesaba más de 1,400 libras. El estegosauro tenía escamas óseas en el lomo. El trudon pesaba menos de 100 libras, pero algunos científicos piensan que era uno de los dinosaurios más inteligentes.

Inténtalo

Piensa en lo que haces una mañana durante el fin de semana. Toma apuntes sobre lo que haces, y escribe un esquema.

Características de la buena escritura

Todos los buenos escritores se hacen preguntas como éstas sobre lo que escriben.

Enfoque/Ideas

- ¿Es mi mensaje claro e interesante?
- ¿Tengo suficiente información?

Organización

- ¿Tengo un buen principio y un buen final?
- ¿Está la información o mi cuento en el orden correcto?

Desarrollo

- ¿Tiene una idea principal cada uno de mis párrafos?
- ¿Incluyo detalles importantes en mis párrafos?

Voz personal

- ¿Tiene mi propia voz?
- ¿Digo de manera interesante lo que pienso o siento?

Selección de palabras

- ¿Tienen sentido mis palabras?
- ¿Uso palabras interesantes?

Oraciones

- ¿Comienzo mis oraciones de manera diferente?
- ¿Suena mi escritura agradable cuando la leo en voz alta?

Convenciones

- ¿Tienen sangría mis párrafos?
- ¿Son correctos la ortografía, los signos de puntuación y las mayúsculas?

Los escritores usan **signos de edición** como éstos para **revisar y corregir** su escritura.

Marcas editoríales	
∧ Añadir	◯ Corregir de ortografía
⋀ Cambiar	∧ Añadir coma
℘ Quitar	⌄" "⌄ Añadir comillas
≡ Usar mayúscula	◯⌐ Mover
⊙ Añadir punto	

Inténtalo

Lee un cuento con un compañero. Habla sobre las características de la buena escritura que encuentras en el cuento.

Usar criterios de evaluación

Los **criterios de evaluación** son una lista de verificación que puedes usar para mejorar tu escrito. Así es como puedes usar los criterios de evaluación:

Antes de escribir   Mira la lista de verificación para saber lo que deberá tener tu escrito.

Durante la escritura   Revisa tu borrador contra la lista. Usa la lista para mejorar tu escritura.

Después de la escritura   Revisa tu trabajo terminado contra la lista. ¿Muestra tu trabajo todos los puntos?

Tu mejor calificación

- Tu escritura está enfocada.
- Escribes sobre tus ideas en un orden que tiene sentido.
- Ofreces detalles importantes sobre la idea principal.
- Tu escritura tiene tu estilo personal.
- Usas palabras claras.
- Tus oraciones tienen comienzos diferentes y se enlazan bien.
- Tu escrito tiene pocos o ningún error en la puntuación, el uso de mayúsculas o la gramática.

Conferencias con los compañeros

Después de haber escrito tu primer **borrador,** estás listo para **revisar** tu escrito. Un compañero de clases puede ayudarte. Sigue estos pasos para tener una **conferencia** con tus compañeros.

Revisar tu escritura

1. Lee tu primer borrador en voz alta. Luego deja que tu compañero lo lea en silencio.

2. Habla con tu compañero sobre las maneras de mejorar tu borrador.

3. Toma notas sobre los cambios que necesites hacer.

Revisar la escritura de tu compañero

1. Escucha con atención la lectura en voz alta del borrador de tu compañero. Luego, léelo tú despacio.

2. Señala dos o tres cosas que te gusten.

3. Dale a tu compañero uno o dos sugerencias para mejorar el borrador.

Inténtalo

Reúnete con un compañero para revisar las escrituras. Vuelvan a mirar juntos las seis características de una buena escritura. Hablen acerca de las que encuentren en las escrituras.

Consejos de caligrafía

Es importante escribir limpio y claro para que otros puedan leer tu escritura. Sigue estos consejos de caligrafía.

- Toma el lápiz y coloca el papel como se indica.

diestro

zurdo

- Siéntate derecho, de frente al escritorio y coloca los dos pies en el piso.

- Haz tus letras suaves y uniformes.

- Asegúrate de que las letras no estén ni muy juntas, ni muy separadas.

- Comienza a escribir a la derecha de la línea roja del papel. Deja un espacio del ancho de un lápiz.

- El espacio entre las palabras o entre las oraciones debe ser del ancho de un lápiz.

- Asegúrate de que las letras altas toquen la línea de arriba, las letras cortas la línea media y las colas de las letras cuelguen debajo de la línea base.

correcto	muy juntas	muy separadas
gracias	gracias	g r a c i a s

Él corrió.

Después salto.

Inténtalo

Usa tu mejor caligrafía para escribirle una carta a un amigo.

Usar gráficos de computadora

Puedes usar tu computadora para añadir gráficos o dibujos a tu escrito.

- **Usa diferentes tipos de letras.** Usar diferentes tipos de letras y colores hace divertida la lectura.

- **Añade ilustraciones a un cuento.** Usa imágenes tomadas de tu procesador de texto o usa un programa para dibujar. Añade ilustraciones a tu cuento para hacer un libro.

- **Agrega marcos y bordes.**

- **Añade tablas o gráficos a un informe.** Usa tu computadora para hacer tablas y gráficos. Muéstralos al compartir tu informe con tus compañeros de aula.

Pictografía

Libros leídos en octubre					
Tomás	📖	📖	📖	📖	
Ana	📖	📖			
Sam	📖	📖	📖	📖	📖
Eva	📖	📖	📖		
Leyenda	📖 = 1 libro				

Gráfica de barras

Libros leídos en octubre					
Tomás					
Ana					
Sam					
Eva					
	1	2	3	4	5

Presentaciones orales

Quizás quieras hacer una **presentación oral** de tu escritura. Estas son algunas maneras de mantener interesados a los oyentes.

- Planea tu presentación. Decide cómo vas a leer o presentar tu escritura.
- Baja el papel de modo que los oyentes puedan verte la cara.
- Mira a los oyentes mientras hablas.
- Modula tu voz para mostrar partes graciosas, tristes o emocionantes de tu escrito.
- Habla alto y claro para que todos puedan oírte.
- Usa dibujos, tablas o líneas cronológicas para hacer que tu escrito sea más interesante y claro.

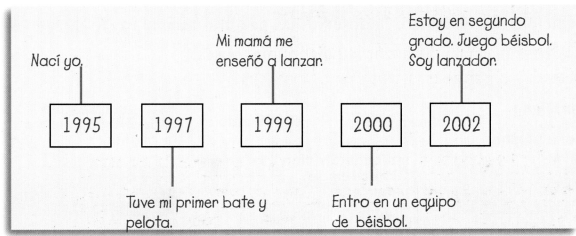

Naci yo.
1995

Mi mamá me enseñó a lanzar.
1999

Estoy en segundo grado. Juego béisbol. Soy lanzador.
2002

1997
Tuve mi primer bate y pelota.

2000
Entro en un equipo de béisbol.

Inténtalo

Piensa en algo emocionante que te haya pasado. Menciona tres cosas que harías para que los oyentes sientan tu emoción.

Uso del glosario

¡Conócelo!

El **Glosario** presenta el significado de algunas palabras, tal como se usan en los cuentos. El glosario también contiene enunciados que ejemplifican el uso de tales palabras. El ejemplo puede mostrar un **sinónimo** (una palabra que tiene el mismo significado) o una **palabra base** (la palabra de la cual se derivan otras). El contenido de un **glosario** siempre se presenta en **orden alfabético**.

¡Aprende a usarlo!

Si deseas encontrar la palabra *batir* en el **Glosario**, primero busca la letra **B**, porque ésa es la letra con que inicia esta palabra. Como la **B** está casi al principio del abecedario, las palabras que inician con **B** deben estar casi al principio del **Glosario**. Si observas las palabras guía al inicio de las páginas, te será más fácil localizar la palabra que buscas.

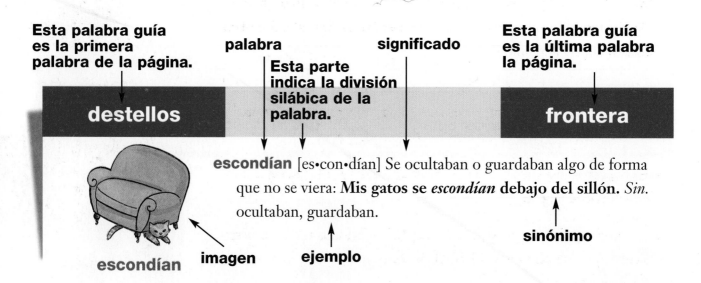

Esta palabra guía es la primera palabra de la página.

palabra

Esta parte indica la división silábica de la palabra.

significado

Esta palabra guía es la última palabra la página.

destellos

frontera

escondían [es·con·dían] Se ocultaban o guardaban algo de forma que no se viera: **Mis gatos se *escondían* debajo del sillón.** *Sin.* ocultaban, guardaban.

escondían

imagen

ejemplo

sinónimo

A

acomodada [a·co·mo·da·da] Puesta en el lugar y en la posición conveniente: **La niña estaba *acomodada* en su sillón favorito hablando con su hermano.** Acomodar, acomodado.

acurrucar [a·cu·rru·car] Agazapar, hacerse bolita: **A la gata de mi vecino, le gusta *acurrucar* a su cachorrito.** *Sin.* abrigar.

adolescente [a·do·les·cen·te] Joven, muchacho o muchacha: **Cuando yo sea *adolescente* asistiré a la secundaria.**

aldea [al·de·a] Pueblo donde habita poca gente. Pueblito: **Leí un cuento de un niño que vivía en una *aldea* en África.** *Sin.* villa.

animar [a·ni·mar] Alentar o impulsar a alguien: **Sus padres lo fueron a *animar* durante el partido de básquetbol.** Animo, animado.

anunció [a·nun·ció] Dio la noticia o avisó de una cosa: **El profesor *anunció* que mañana saldremos de excursión.** *Sin.* avisó. Anunciar, anunciado, anunciando.

arrastró [a·rras·tró] Llevó a una persona o cosa por el suelo tirando de ella: **El leñador *arrastró* el tronco de ese árbol.** *Sin.* jaló. Arrastrar, arrastrado, arrastrando.

arrodillaba [a·rro·di·lla·ba] Se ponía sobre las rodillas, se hincaba: **Cuando buscaba mis juguetes me *arrodillaba* para mirar debajo de los muebles.** Arrodillar, arrodillada, arrodillando.

arroyos [a·rro·yos] Ríos pequeños: **Hoy aprendí que los *arroyos* son ríos con poca agua.**

arrugó [a·rru·gó] Hizo pliegues en el papel. Deformó la tela o el rostro: **Ayer tuve que planchar mi falda porque se *arrugó*.** *Sin.* fruncir. Arrugar, arrugado, arrugando.

acomodada

arrodillaba

arrugó

451

arruinado [a•rrui•na•do] Algo que se destruyó, que sufrió un daño: **Me caí al lodo y mi ropa se ha *arruinado*.** Arruinar, arruinó.

atrapar [a•tra•par] Conseguir o agarrar algo: **¿Puedes *atrapar* un balón en el aire?** *Sin*. capturar. Atrapó, atrapado, atrapando.

B

bellos [be•llos] De gran belleza: **En el jardín botánico hay árboles muy *bellos*.** *Sin*. hermosos. *Ant*. feos.

bonito [bo•ni•to] Lindo, agraciado, agradable: **Me parece muy *bonito* el vestido que está en la tienda.** *Sin*. bello. *Ant*. feo.

brillante [bri•llan•te] Que resplandece: **El color azul del cielo es más *brillante* durante el verano.** *Sin*. luminoso.

C

carreras de relevos

cacerola [ca•ce•ro•la] Vasija que sirve para cocinar: **A mi mamá no le gusta que use su *cacerola* como tambor.**

carreras de relevos [ca•rre•ras/de/re•le•vos] Prueba deportiva en la cual los corredores se sustituyen, es decir corren por turnos: **Participé en el equipo de *carreras de relevos* de la escuela.**

corona [co•ro•na] Adorno que se ciñe en la cabeza: **La *corona* de los reyes simboliza el poder.**

D

descolorido [des•co•lo•ri•do] Sin color: **Ese paraguas está *descolorido* porque estuvo expuesto al sol.** *Sin*. pálido.

descubrir [des•cu•brir] Dejar visible: **¿Te gustaría *descubrir* un tesoro?** *Sin*. develar. Descubro, descubierto, descubriendo.

destellos [des•te•llos] Rayos de luz, resplandores, ráfagas de luz: **Algunas estrellas emiten *destellos* de luz.**

domar [do•mar] Hacer dócil a un animal: **Las ardillas son muy difíciles de *domar*.** *Sin.* amansar. Domo, domado, domando.

domar

elegante [e•le•gan•te] Que se ve muy lujoso, de buen gusto: **Los domingos me visto *elegante*.** *Sin.* distinguido.

emocionante [e•mo•cio•nan•te] Que produce una sensación muy fuerte: ***Ir a un partido de fútbol* es *emocionante*.** *Ant.* aburrido.

energía [e•ner•gí•a] Fuerza que se requiere para realizar una actividad: **De los alimentos puedes obtener la *energía* que necesitas.** *Sin.* fuerza, poder.

enredaderas [en•re•da•de•ras] Plantas trepadoras: **Las *enredaderas* son plantas que crecen y se extienden en los muros de las casas.**

equipos [e•qui•pos] Grupo de personas organizadas para realizar una actividad: **A mí me gusta el béisbol. ¿Cuáles son tus *equipos* favoritos?**

escondían

escondían [es•con•dían] Se ocultaban o guardaban algo de forma que no se viera: **Mis gatos se *escondían* debajo del sillón.** *Sin.* ocultaban, guardaban. Esconder, escondido, escondiendo.

esparce [es•par•ce] Que arroja, extiende o separa lo que está junto o amontonado: **El viento *esparce* el polen de las flores.** Esparcir, esparcido, esparciendo.

frontera

frontera [fron•te•ra] El límite de los territorios colonizados: **Hace muchos años la gente se mudaba a la *frontera* del oeste para encontrar tierras nuevas para sus casas y granjas.** *Sin.* límite.

453

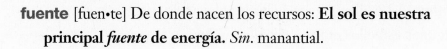

grúas

grumosa

hortalizas

fuente [fuen·te] De donde nacen los recursos: **El sol es nuestra principal *fuente* de energía.** *Sin.* manantial.

fuerte [fuer·te] Que es robusto, que tiene fuerza: **Ese atleta lleva una dieta balanceada para estar sano y *fuerte*.** *Sin.* resistente, recio.

germinarán [ger·mi·na·rán] Que brotarán las plantas de las semillas, se desarrollarán: **Las semillas *germinarán* dentro de dos semanas.** Germinar, germinado, germinando.

gigante [gi·gan·te] Más grande de lo normal: **Me comí un helado *gigante*.** *Sin.* enorme.

grúas [grú·as] Máquinas que sirven para levantar pesos y transportarlos: **Las *grúas* levantan las vigas pesadas que se usan para construir edificios.**

grumosa [gru·mo·sa] Que tiene grumos. Masa con partes duras: **Bate bien la masa para que no quede *grumosa*.**

hermoso [her·mo·so] Que es muy bonito: **En el parque hay un *hermoso* roble.** *Sin.* bello.

herramienta [he·rra·mien·ta] Instrumento de hierro o acero que sirve para reparar o construir: **Mi papá trabaja con una *herramienta* especializada en su taller.**

hornear [hor·ne·ar] Meter algún alimento en el horno para que se cocine: **Vamos a *hornear* el pavo.** Horneo, horneado, horneando.

hortalizas [hor·ta·li·zas] plantas comestibles. Lugar donde se siembran y cosechan frutas o legumbres: **Ayer cosechamos las frutas que habíamos sembrado en las *hortalizas*.** *Sin.* legumbres.

increíble [in·cre·í·ble] Algo que no puede creerse: **Al llegar ocurrió algo *increíble*.** *Sin.* difícil de creer, extraordinario.

instrucciones [ins·truc·cio·nes] Serie de pasos que aparecen en un manual: **El mecánico sigue las *instrucciones* para arreglar el motor del auto.** *Sin.* recomendaciones, sugerencias.

instrucciones

jalaba [ja·la·ba] Tiraba con fuerza: **Pedro *jalaba* la cuerda de la campana todas las mañanas.** Jalar, jalado, jalando.

juntos [jun·tos] Cercanos, unidos: **Cuando estoy con mis amigos vamos todos *juntos* a jugar a un parque.**

llegó [lle·gó] Acaba de venir de un sitio: **El avión *llegó* a tiempo al aeropuerto.** Llegar, llegado, llegando.

madura [ma·du·ra] Que un fruto ya se puede comer, que está en su punto: **La manzana que está en el árbol ya está *madura*.**

mandados [man·da·dos] Órdenes, encargos: **Mi trabajo en la oficina consiste en ir a hacer los *mandados*.**

mantequilla [man·te·qui·lla] Manteca elaborada con leche de vaca: **Para hacer un pastel necesitas: harina, huevos y *mantequilla*.**

455

mezcolanza [mez•co•lan•za] Mezcla confusa: **Su dibujo era una** *mezcolanza* **de colores.**

miembros [miem•bros] Individuos que forman parte de un grupo, equipo o de una comunidad: **Mi primo y yo somos** *miembros* **de la sociedad de estudiantes de mi escuela.**

minutos [mi•nu•tos] Medida de tiempo que es una de las sesenta partes en que se divide una hora: **Dentro de veinte** *minutos* **llegará un famoso artista de cine a esta ciudad.**

monstruoso [mons•tru•o•so] Que causa asombro: **El salto que dio la niña fue** *monstruoso.*

nabo [na•bo] Planta cuya raíz es comestible: **El** *nabo* **se vende en el mercado.**

nieta [nie•ta] La hija de uno de los hijos o hijas: **Soy la** *nieta* **preferida de mis abuelos.**

nutrientes [nu•trien•tes] Sustancias que necesitan los seres vivos para crecer: **Las ardillas absorben los** *nutrientes* **que necesitan de las nueces que comen.**

pegajosa [pe•ga•jo•sa] Que se pega con facilidad: **La envoltura de mi caramelo está muy** *pegajosa. Sin.* viscosa.

plantó [plan•tó] Metió una planta o una semilla en la tierra: **La vecina** *plantó* **violetas en una maceta.** *Sin.* sembró. Plantar, plantado.

pradera [pra•de•ra] Sitio extenso plano, campo en el que se crece la hierba para el ganado: **Me gusta pasear por la** *pradera.*

nabo

pradera

premio [pre•mio] Reconocimiento por haber hecho algo bien: **Pierre y Marie Curie ganaron el *premio* Nóbel de física.** *Sin.* recompensa.

preocupada [preo•cu•pa•da] Que está angustiada, inquieta: **Mi mamá estaba *preocupada* porque me fui con mis amigos y no le avisé.** *Sin.* intranquila. Preocupar, preocupado, preocupando.

presumidamente [pre•su•mi•da•men•te] Que hace algo con la intención de aparentar: **Ella sacó sus muñecas y las mostró *presumidamente* a sus amigas.**

promesa [pro•me•sa] Ofrecimiento de hacer una cosa en el futuro: **¿Te hago una *promesa?* Ya no volveré a pelear con mi hermano.** *Sin.* juramento.

pronosticar [pro•nos•ti•car] Predecir el futuro basándose en la información del presente: **El servicio meteorológico hace estudios para *pronosticar* el tiempo.** Pronosticó, pronosticado, pronosticando.

protege [pro•te•ge] Defender de daños y de peligros: **El policía *protege* a los ciudadanos.** Proteger, protegido, protegiendo.

quehaceres [que•ha•ce•res] Ocupaciones, trabajos caseros: **Los sábados y domingos me quedo en casa y ayudo a mis papás con los *quehaceres.***

quehaceres

razón [ra•zón] Motivo o causa por lo que se hace algo: **La *razón* por la que no fui a la escuela en dos semanas es porque me enfermé.**

rebanada

rebanada [re•ba•na•da] Porción delgada en la que se corta algo como la carne o el pan: **Cuando fue mi cumpleaños todos mis amigos se comieron una *rebanada* de mi pastel.**

receta [re•ce•ta] Instrucciones que indican el modo de hacer una cosa: **Mi hermano le pidió la *receta* a mi mamá para hacer flan.**

reconstruir [re•cons•truir] Volver a construir o edificar: **El noticiario anunció que hoy inician las labores de *reconstrucción* del metro.** Reconstruyó, reconstruido.

retorcerse [re•tor•cer•se] Torcerse, enroscarse: **Se sentía tan mal del estómago, que el dolor lo hacía *retorcerse*.** Retorcer, retorcido.

reunión [reu•nión] Agrupación, unirse a otras personas: **Siempre festejamos el día de mi cumpleaños con una *reunión* a la que asisten todos mis amigos.**

rugido [ru•gi•do] Un sonido ronco y fuerte: **El león emitió un *rugido* estruendoso.** *Sin.* bramido.

salvaje

salvaje [sal•va•je] Planta o animal que crece en la selva o el campo sin los cuidados del hombre: **En un bosque se encuentra mucha vida *salvaje*.** *Sin.* silvestre.

satisfecho [sa•tis•fe•cho] Contento, lleno: **Estoy *satisfecho* porque comí bastante.**

sencillo [sen•ci•llo] Que no tiene complicación, que es simple: **Aprender a usar el martillo es *sencillo*, pero tienes que tener mucho cuidado.** *Sin.* fácil.

siempre [siem•pre] En todo momento: **Mi papá dice que leer el periódico** *siempre* **será una buena costumbre.** *Sin.* constantemente.

sobrevivir [so•bre•vi•vir] Vivir más que alguien o salvarse en un desastre o accidente: **Los venados pudieron** *sobrevivir* **el incendio del bosque.** Sobrevivo, sobrevivido, sobreviviendo.

sobrevivir

solo [so•lo] Que no tiene compañía: **En el zoológico hay un elefante que vive** *solo. Sin.* aislado.

sorprendente [sor•pren•den•te] Algo que ocurre sin que lo esperemos, que causa sorpresa: **Y de pronto ocurrió algo** *sorprendente,* **me tropecé con una gran piedra.**

sucios [su•cios] Que están llenos de mugre: **Los vidrios de esa ventana están** *sucios. Sin.* desaseados.

tarea [ta•re•a] Trabajo que se hace en un tiempo determinado, generalmente en casa: **Aunque todos los días nos dan** *tarea,* **hoy la maestra nos dejó descansar.** *Sin.* labor.

tazón [ta•zón] Taza grande sin asa: **Me serví más sopa en un** *tazón* **porque tenía mucha hambre.**

tristes [tris•tes] Que sienten pena o dolor por algo: **No quisiera que estuvieran** *tristes. Ant.* feliz.

459

Índice *de* títulos

Los números de páginas a color contienen información geográfica.

Acknowledgments

For permission to translate/reprint copyrighted material, grateful acknowledgment is made to the following sources:

Bayard Presse Canada Inc., Toronto, Canada: From "Fun Animal Facts," illustrated by Steve Attoe in *Chickadee* Magazine, April 1997. © 1997 by Owl Communications Corp.

Curtis Brown, Ltd.: Pumpkin Fiesta by Caryn Yacowitz. Text copyright © 1998 by Caryn Yacowitz.

Candlewick Press Inc., Cambridge, MA, on behalf of Walker Books Ltd., London: Illustration from *Days Like This* by Simon James. Illustration © 1999 by Simon James.

Eric Carle: The Mixed-Up Chameleon by Eric Carle. Copyright © 1975, 1984 in countries signatory to International Copyright Union.

Clarion Books/Houghton Mifflin Company: From *Helping Out* by George Ancona. Copyright © 1985 by George Ancona.

Dorling Kindersley Limited, London: From *The Secret Life of Trees* by Chiara Chevallier. Copyright © 1999 by Dorling Kindersley Limited, London.

Ediciones Alfaguara, S.A.: "Solo" from *Días con Sapo y Sepo* by Arnold Lobel, translated by Pablo Lizcano. Text copyright © 1979 by Arnold Lobel; Spanish translation copyright © 1985 by Ediciones Alfaguara, S.A.; Spanish translation copyright © 1987 by Altea, Taurus, Alfaguara, S.A.

Harcourt, Inc.: From *Mr. Putter and Tabby Fly the Plane* by Cynthia Rylant, illustrated by Arthur Howard. Text copyright © 1997 by Cynthia Rylant; illustrations copyright © 1997 by Arthur Howard.

HarperCollins Publishers: Illustrations from *Days With Frog and Toad* by Arnold Lobel. Illustrations copyright © 1979 by Arnold Lobel. *Get Up and Go!* by Stuart J. Murphy, illustrated by Diane Greenseid. Text copyright © 1996 by Stuart J. Murphy; illustrations copyright © 1996 by Diane Greenseid. *Lemonade for Sale* by Stuart J. Murphy, illustrated by Tricia Tusa. Text copyright © 1998 by Stuart J. Murphy; illustrations copyright © 1998 by Tricia Tusa. Illustrations by Joe Cepeda from *Pumpkin Fiesta* by Caryn Yacowitz. Illustrations copyright © 1998 by Joe Cepeda.

Holiday House, Inc.: From Seed to Plant by Gail Gibbons. Copyright © 1991 by Gail Gibbons.

Henry Holt and Company, LLC: Watermelon Day by Kathi Appelt, illustrated by Dale Gottlieb. Text copyright © 1996 by Kathi Appelt; illustrations copyright © 1996 by Dale Gottlieb.

Pyke Johnson, Jr.: "Lemonade" by Pyke Johnson, Jr.

Lee & Low Books, Inc., 95 Madison Avenue, New York, NY 10016: ¡Qué sorpresa de cumpleaños! by Loretta López. Text copyright © 1997 by Loretta López.

Little, Brown and Company (Inc.): "Sometimes" from *Fathers, Mothers, Sisters, Brothers* by Mary Ann Hoberman. Text copyright © 1991 by Mary Ann Hoberman.

Lucas Evans Books: Hedgehog Bakes a Cake by Maryann Macdonald, illustrated by Lynn Munsinger. Text copyright © 1990 by Maryann Macdonald; illustrations copyright © 1990 by Lynn Munsinger. Copyright © 1990 by Byron Preiss Visual Publications, Inc.

National Wildlife Federation: "Leaf Zoo" from *Your Big Backyard Magazine*, November, 1999. Text copyright © 1999 by National Wildlife Federation.

The Random House Group Ltd.: From *All Join In* by Quentin Blake. Copyright © 1990 by Quentin Blake. Published by Jonathan Cape.

Marian Reiner, on behalf of Aileen Fisher: "The Seed" from *Up the Windy Hill* by Aileen Fisher. Text copyright © 1953 by Aileen Fisher; text © renewed 1981 by Aileen Fisher.

Simon & Schuster Books for Young Readers, an imprint of Simon & Schuster Children's Publishing Division: Illustrations by Diane Greenseid from *Wilson Sat Alone* by Debra Hess. Illustrations copyright © 1994 by Diane Greenseid.

Walker and Company: Illustrations from *Look What I Did with a Leaf* by Morteza Sohi. Illustrations copyright © by Morteza Sohi.

Writers House LLC, as agent for Debra Hess: Wilson Sat Alone by Debra Hess. Text copyright © 1994 by Debra Hess.

Photo Credits

Key: (t)=top; (b)=bottom; (c)=center; (l)=left; (r)=right

Page 14(t), Leonard L.T. Rhodes / Earth Scenes; 14(b), Jeanne White / Photo Researchers; 15(t), Stan Osolinski / Dembinsky Photo; 15(b), Tom Brakefield / Corbis Stock Market; 47, courtesy, Eric Carle; 121, Culver Pictures, Inc.; 169, Archive Photos; 174-186, George Ancona; 187, Helga Ancona; 218, Carlo Ontal; 219, Dale Higgins; 249(all), Ken Kinzie / Harcourt School Publishers; 251, Superstock; 271(l), Larry Evans / Black Star; 305(l), Dominic Oldershaw; 420, Dale Higgins; 421, Peter Stone / Black Star.

Illustration Credits

Scott Gustafson, Cover Art; Tom Casmer, 4-5, 12-13; Jennie Oppenheimer, 6-7, 150-151; Donna Perrone, 8-9, 282-283; Ethan Long 10-11, 51, 220-221; Eric Carle, 16-47; Jackie Snider, 52, 97; Tracy Sabin, 54-55; Diane Greenseid, 56-77, 126-145; Cathy Bennet, 79, 80, 147, 168-169,170, 222-223, 422-423; Fred Greiner; 82-83, Melissa Iwai, 82-83; Sucie Stevenson, 84-95; Mark Boivin, 98; Nancy Coffelt 98, 250-251, 424; Robert Casilla, 100-101; Arnold Lobel, 102-117; Steve Johnson/Lou Fancher, 118-119; Nancy Davis, 120-121, 224; Betsy Everitt, 124-125; Mark McIntyre, 124-125; Chris Van Dusen, 146-147, 252; Mike Tofanelli, 152-153; Scott Gotto, 154-167; Tim Bowers, 172-173; Stephanie Darden, 172-173; Laura Ovresat, 190-191, 364-365; Fabricio Vanden Broeck, 194-195; Arthur Howard, 196-219; Tiphanie Beeke, 226-227; Lynn Munsinger, 228-247; Melinda Levine, 254-255; Tricia Tusa, 256-275; Jennifer Beck-Harris, 276-277; Sudi McCullum, 284-285; Victoria Raymond, 286-305, 310-311; Gail Gibbons, 314-331; Dale Verzaal, 336-337; Marla Baggetta, 338-339; Tuko Fujisaki, 362-363; Rebecca Gibbon, 366-367; Dale Gottlieb, 368-389; Jon Berkeley, 394-395; Joe Cepeda, 396-421; Holly Cooper 451, 457.

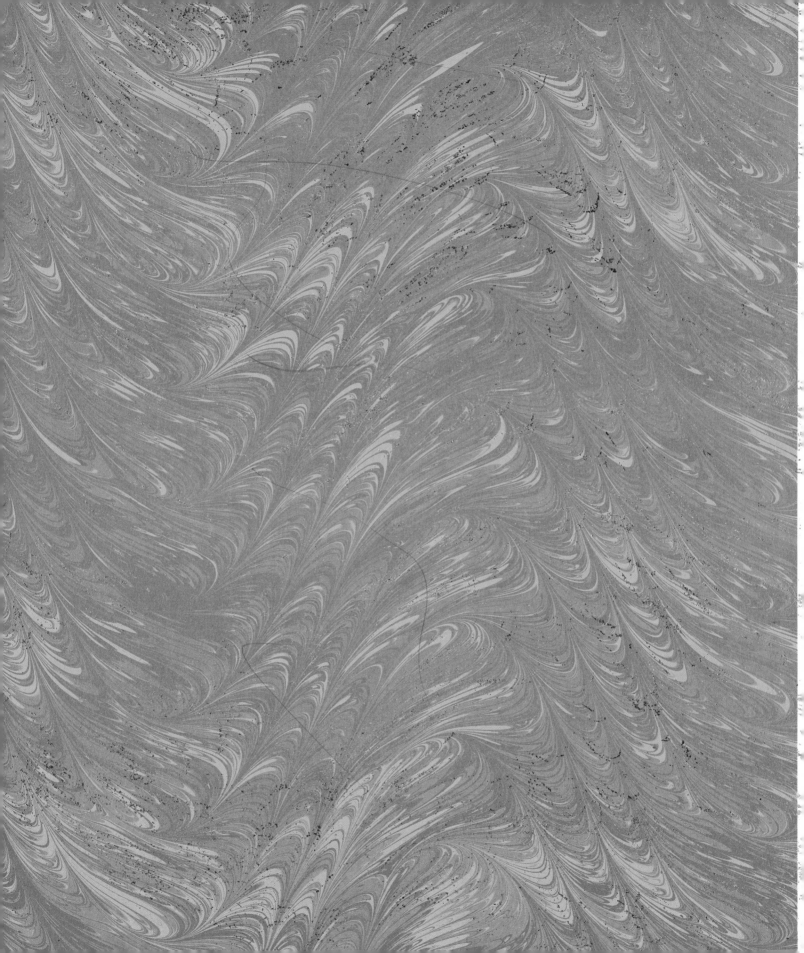

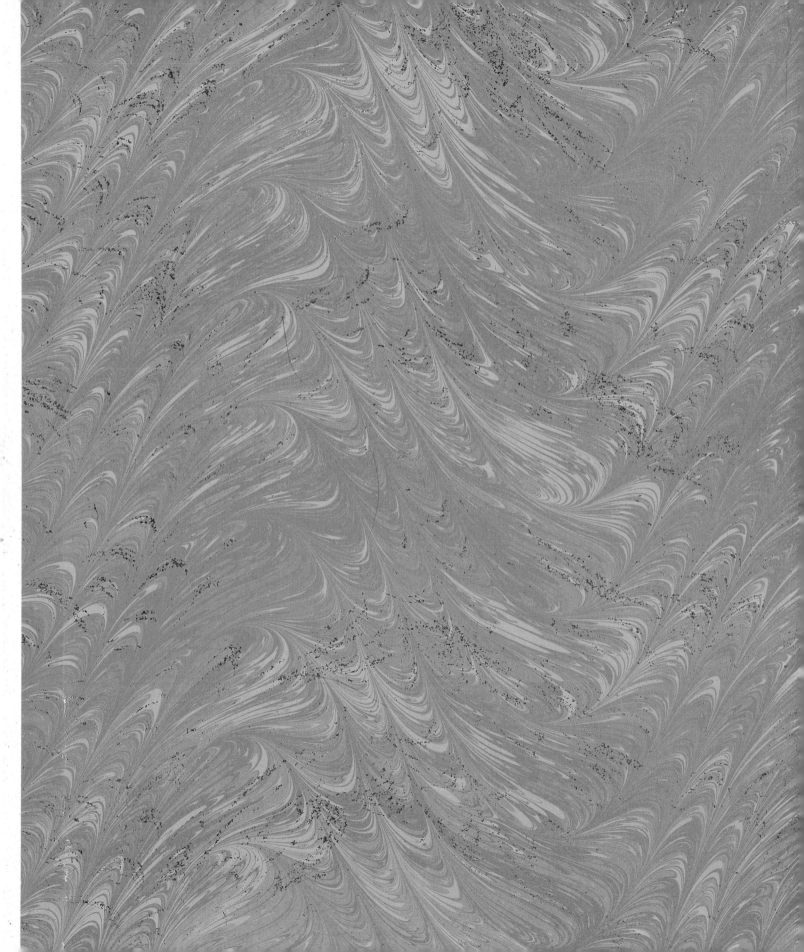

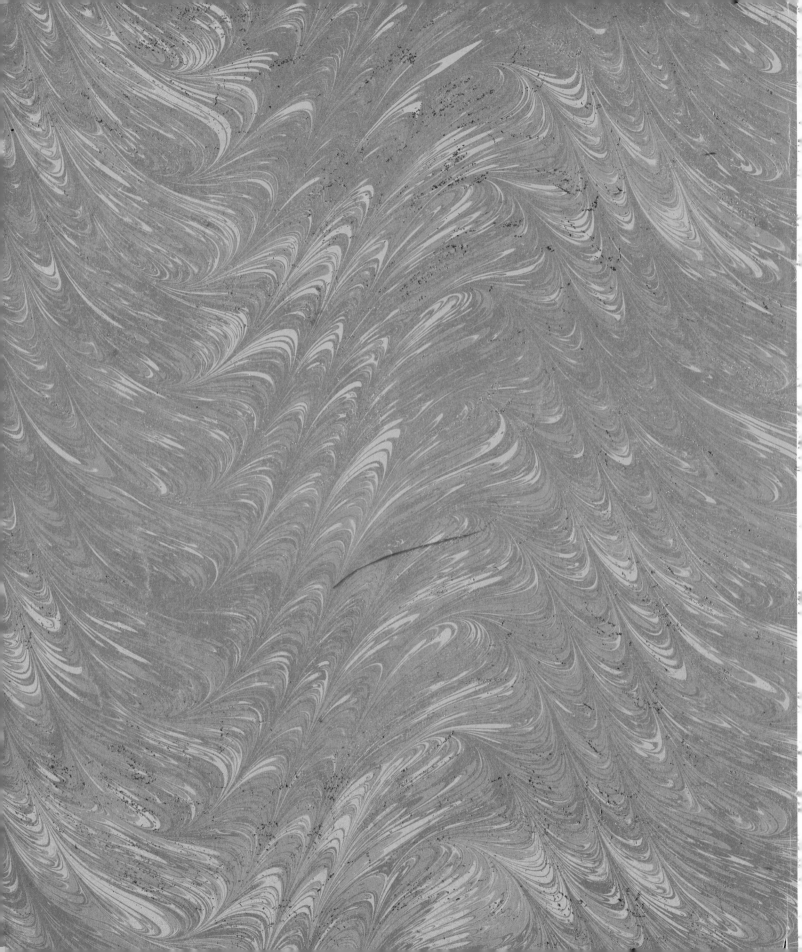